AF217453

Dieter K. Tscheulin

Wir
vom Jahrgang
1958
Kindheit und Jugend

Impressum

Bildnachweis:

Umschlag:

Dieter K. Tscheulin (vorne unten); Dr. Barbara Fuchs (vorne oben); Konrad Adenauer Stiftung, ACDP Plakatsammlung Sankt Augustin (hinten);

Innenteil:

ullstein bild / United Press: S. 6; Gerhard Lamm, Lörrach: S. 9o; Maximilian Sprenzel, Lörrach: S. 11; Markus Moehring, Lörrach: S. 15u, 26u, 30u, 34, 35o; Regine Tscheulin: S. 16o; ullstein bild – Georg Schmidt: S. 16u; Ewald Saner, Inzingen: S. 17o; Elsbeth Roser, Steinen: S. 17u; Salamander AG Kornwestheim: S. 18o; ullstein bild – United Archives: S. 18u, 46u; ullstein bild – ullstein bild: S. 21o, 39u; Bettina Deuter, Speyer: S. 22; Ursula Müller-Frieding: S. 26o; ullstein bild – TopFoto: S. 29o; ullstein bild – Reuters: S.31o; ullstein bild – Röhnert: S. 31u; ullstein bild – Feddersen: S. 32; ©SchneiderBuch in der Harper Collins Germany GmbH, Hamburg: S. 35u; ullstein bild – Rudolf Dietrich: S. 36, 58; Willi Fritzen, Gladbach: S. 38o; ullstein bild – joko: S. 40o; Spiegel-Verlag Rudolf Augstein GmbH & Co. KG: S. 43u; Dr. Ellen Martin, Butzbach: S. 43o; ullstein bild – Hubertus Blume: S. 44; Ekkehard Plettenberg, Lörrach: S. 49o; ullstein bild – Hans G. Lehmann: S. 49u; Dr. Barbara Fuchs, Bensheim: S. 52, 59; ullstein bild – Sven Simon: S. 53; ullstein bild – Gelpke: S. 54; ullstein bild – dpa: S. 55u; ullstein bild – Werek: S. 56; Bauer München Redaktions GmbH, Verlagsleitung BRAVO: S. 57o; Stanko Dolic, Freiburg: S. 60r; Konrad Adenauer Stiftung, ACDP Plakatsammlung Sankt Augustin: S. 61, 62,.

Alle übrigen Fotos stammen aus dem Archiv des Autors.

Danksagung

Ermöglicht wurde dieses Buch durch die Unterstützung zahlreicher-Jahrgangskollegen und -kolleginnen. Ihnen, Markus, Ekkehard, Gerhard, Stanko, Thomas und insbesondere Regine, Ellen, Conny, Barbara und Ursula, die mir halfen, das Erleben jener Jahre aus Mädchensicht mitzuberücksichtigen, gilt mein besonderer Dank.

Wir danken allen Lizenzträgern für die freundliche Abdruckgenehmigung.
In Fällen, in denen es nicht gelang, Rechtsinhaber an Abbildungen zu ermitteln,
bleiben Honoraransprüche gewahrt.

14. Auflage 2024

Alle Rechte vorbehalten, auch die des auszugsweisen
Nachdrucks und der fotomechanischen Wiedergabe.
Gestaltung und Satz: r2 | Ravenstein, Verden
Druck: Druck- und Verlagshaus Thiele & Schwarz GmbH, Kassel
Buchbinderische Verarbeitung: Buchbinderei S. R. Büge, Celle
© Wartberg-Verlag GmbH
34281 Gudensberg-Gleichen • Im Wiesental 1
Telefon: 056 03/9 30 50 • www.wartberg-verlag.de
ISBN: 978-3-8313-3058-4

Vorwort
Liebe 58er!

Wir wurden geboren in der Zeit des Wirtschaftswunders. Es herrschte Vollbeschäftigung. Dennoch oder gerade deswegen mussten unsere Väter hart arbeiten und unsere Eltern eisern sparen, damit sie sich das erste Auto, die erste Waschmaschine, die erste Urlaubsreise und vieles andere leisten konnten. Wir erlebten, wie man nach dem Erreichen eines gewissen Wohlstands begann, die dunklen Jahre der Vergangenheit aufzuarbeiten. Dies ging einher mit heftigen Studentenunruhen, die unsere Jugend und auch unser heutiges Dasein nachhaltig beeinflussten. Wir profitierten von den durch die 68er erstrittenen Freiheiten und stellten die Ideale unserer Eltern infrage.

Als Heranwachsende erlebten wir bahnbrechende Fortschritte in der Wissenschaft – von der ersten Herzverpflanzung bis zur ersten Mondlandung. Neue Techniken in der Marketingwissenschaft führten zur Entwicklung von Markenprodukten, die unsere Kindheit und Jugend begleiteten, wie Strahler 70, Creme 21 oder das 1965 auf den Markt gekommene Nutella. Innovative Kommunikationsstrategien wie Charles Wilps legendäre Afri-Cola-Werbekampagne eroberten sich ihren Platz in den Medien. Neben den bedeutsamen Entwicklungen unserer Gesellschaft stehen unsere ganz persönlichen Erlebnisse und Erfahrungen. Seien es gesellschaftspolitische Ereignisse, Spielsachen wie Lego und nicht zuletzt Songs aus Pop und Rock, die heute als Oldies gelten – vieles prägte uns bis in unser Erwachsenenleben hinein. Viele Dinge aus der eigenen Kinder- und Jugendzeit werden die Leserin und der Leser wiederentdecken. An vielen Stellen auch sich selbst. Ja, so war das damals! So oder so ähnlich haben wir das bei uns zu Hause auch erlebt!

Allen Leserinnen und Lesern wünsche ich viel Vergnügen bei dieser Erinnerungsreise in die späten 50er-, die 60er- und die 70er-Jahre, die so spannend anders waren, anders als alles, was vorher und nachher war.

Dieter K. Tscheulin

Willkommen in der **Welt des Wirtschaftswunders**

Hallo Welt, wir sind da

Unsere Geburt ist 1958 das wichtigste Ereignis in unseren Familien. Mit über 1,2 Millionen Jahrgangsvertretern allein in den beiden deutschen Staaten übertreffen wir den Rekord der ein Jahr vor uns geborenen 1957er noch einmal um 1,4 %. Unsere Mütter widmen uns ihr ganzes Interesse und erleben nur am Rande, dass ihnen ab dem 1. Juli 1958 mehr Rechte in Ehe und Familie eingeräumt werden. Erstmals dürfen sie ohne Zustimmung unserer Väter einer Arbeit nachgehen. In Anbetracht der Aufmerksamkeit, die wir von ihnen in Anspruch nehmen, ist daran für den Moment jedoch nicht zu denken.

Noch unbewusst erleben wir im Westen die Bundesrepublik Deutschland in der Blüte der Wirtschaftswunderzeit. Im Vergleich zu unseren älteren Freunden profitieren wir davon in erheblichem Maße. Unsere Eltern müssen sich

Chronik

2. Januar 1958
Beim Kraftfahrtbundesamt in Flensburg wird die Zentralkartei für Verkehrsdelikte, die sogenannte Verkehrssünderkartei, eingerichtet.

24. März 1958
Begeistert reagieren deutsche Fans auf die Nachricht, dass ihr Idol Elvis Presley nach seiner Grundausbildung als Soldat, die an diesem Tag beginnt, nach Deutschland abgeordnet wird.

29. Juni 1958
Der 17-jährige Pelé wird mit Brasilien nach einem 5:2 gegen Gastgeber Schweden Fußballweltmeister.

28. Oktober 1958
Johannes XXIII. wird neuer Papst in Rom. Der bisherige Patriarch von Venedig, mit bürgerlichem Namen Angelo Giuseppe Roncalli, wird vom 51-köpfigen Kardinalskollegium nach zehn vergeblichen Wahlgängen gewählt.

1. Februar 1959
In der Schweiz wird bei einer Volksabstimmung, an der nur Männer beteiligt sind, die Einführung des Frauenwahlrechts abgelehnt.

15. April 1959
Fünf Studenten, die gegen die politischen Verhältnisse in der DDR protestiert haben, werden in Dresden zu Zuchthausstrafen bis zu zehn Jahren verurteilt.

28. Juni 1959
Eintracht Frankfurt wird nach einem 5:3-Sieg über Kickers Offenbach zum vorerst letzten Mal Deutscher Fußballmeister.

1. Juli 1959
Heinrich Lübke wird als Nachfolger von Theodor Heuss zum neuen Bundespräsidenten gewählt.

21. Juni 1960
Der Deutsche Sprinter Armin Hary (geb. 1937) läuft beim Internationalen Leichtathletiksportfest in Zürich als erster Mensch die 100-Meter-Strecke in handgestoppten 10,0 Sekunden.

8. November 1960
Der 43-jährige Kandidat der Demokraten, John F. Kennedy, gewinnt gegen seinen republikanischen Konkurrenten Richard Nixon die Wahlen zum neuen US-Präsidenten.

Voller Optimismus blicken wir in die Welt.

nicht mehr sorgen, uns satt zu bekommen. In der Bundesrepublik herrscht annähernd Vollbeschäftigung. Gleichzeitig steigt der Lohn unserer Väter im Vergleich zum Vorjahr um 4,9 %. Die deutsche Wirtschaft gedeiht so gut, dass trotz des Lohnanstiegs ihre Arbeitszeit um 3,5 % sinkt und sie mehr Zeit für uns haben. Laut- und willensstark fordern wir diese Zeit ein.

Erste Eindrücke von unserem Zuhause

Nach einigen Tagen auf der Entbindungsstation dürfen unsere Mütter mit uns nach Hause. Noch wenig bewusst, aber dennoch neugierig inspizieren wir aus der Babywiege die Umgebung, die nun unser Zuhause sein soll. Da hängen bunte Tapeten an den Wänden, im Wohnzimmer stehen Blumenbänke und ein Nierentisch. Um den Nierentisch gruppieren sich Schalensessel, in der Ecke steht eine raketenhaft gestaltete Tütenlampe. Ein großes Röhrenradio scheint neben unserer Person die besondere Aufmerksamkeit der Erwachsenen auf sich zu ziehen. Mit vollem Klang ertönen aus diesem die neuesten Hits und Schlager: Caterina Valente singt den Calypso „Spiel noch einmal für mich Habanero", Peter Kraus träumt von seinem „Hula Baby" und Conny Froboess, inzwischen 15-jähriger ehemaliger Kinderstar, singt auf Deutsch Paul Ankas „Diana". Auch ausländische Produktionen erklingen aus dem Röhrenradio. Da singt Domenico Modugno auf Italienisch „Volare" und Bill Haley auf Englisch „Viva la Rock 'n' Roll".

Auswanderung in die USA

Nach den drei großen Auswanderungswellen des 19. Jahrhunderts geht die Auswanderung infolge der positiven industriellen Entwicklung in Deutschland und der dritten großen Depression in den USA ab 1893 stetig zurück. Erst in den 1920er-Jahren nimmt die Auswanderung wieder zu und erreicht 1923 ihren Höhepunkt mit 100 000 Auswanderern. Nach 1933 emigrieren insbesondere jüdische Flüchtlinge. Ab 1940 ist keine Auswanderung mehr möglich. Auch nach Ende des Zweiten Weltkrieges ist diese noch bis Mitte der 50er-Jahre durch die Alliierten verboten.

In der zweiten Hälfte der 1950er-Jahre erlebt Deutschland nochmals eine größere Auswanderungswelle. Ein hoher Dollarkurs und die Chance zu schnellem

Die Freiheitsstatue in New York in den 50er-Jahren – ein Sehnsuchtsort für Touristen und Auswanderer.

Reichtum in einem Land ohne Kriegszerstörungen locken viele jüngere Menschen. Ende der 50er-Jahre nimmt die Zahl der Auswanderer wieder ab.

Der erste Swimmingpool.

Manchmal schoben die Väter den Kinderwagen ins Grüne.

Unsere Weltsicht aus dem Kinderwagen

Unser Gesichtsfeld ist klein, gerahmt von den geflochtenen Rändern unseres super-modernen Kinderwagens. Er besitzt die für die 50er-Jahre charakteristischen weichen, runden Linien. Er ist weiß, wie die Lieblingsfarbe unserer Eltern, wenn es um den Kauf eines Autos geht. Wie deren Autos ist er elegant geschwungen, ähnelt den Linien eines Schwans und ist oft mit chromblitzenden Kotflügeln ausgestattet.

Mit ihm geht es vorbei an neu installierten Neonreklamen und verlockend dekorierten Schaufenstern. Wir sehen die eleganten, 1958 neu vorgestellten Autos der Wirtschaftswunderära. Sie sind dem amerikanischen Straßenkreuzerstil nachempfunden, haben elegante Heckflossen, große Panoramascheiben und mutig geschwungene Chrom-Zierleisten. Wir sehen die im nachbarlichen Vorgarten aufgestellten Gartenzwerge, erleben Mutters Hektik beim Einkauf und genießen die Bewegung unseres Kinderwagens durch Vaters Fuß im Garten. Wir sehen, wie er seinen Durst bei sommerlicher Hitze mit einer Limo oder einem Bier stillt und bewundern die bunten Farben der Sonnenschirme im Stil ihrer Zeit.

Großes Vergnügen bereitet uns das Bad im eigenen „Swimmingpool". Im Vergleich zu den für vorangegangene Jahrgänge üblichen Zinkwannen und Zubern erscheint unsere damals moderne Plastikwanne fast schon exklusiv. Kühles Wasser aus Papas Gartenschlauch sorgt bei hochsommerlichen Temperaturen für ungetrübten Badespaß.

Auswanderung in die USA

Nachdem 1945 alle Passagierschiffe an die Siegermächte abgeliefert werden mussten, feiert der deutsche Transatlantik-Passagier-Liniendienst Ende der 50er-Jahre seine knapp 15 Jahre während Wiedergeburt. Von der Canadian Steamship Ltd. erwirbt die neu gegründete Hamburg-Atlantik Linie des dänischen Reeders Axel Bitsch-Christensen die „Empress of Scotland". Nach einem grundlegenden Umbau tritt sie am 19. Juli 1958 unter deutscher Flagge als „TS Hanseatic" ihre Jungfernfahrt nach New York an. Am 9. Juli 1959 bringt der Norddeutsche Lloyd die in Frankreich angekaufte ehemalige „Pasteur" nach gründlicher Renovierung und äußerer Umgestaltung mit neuem Schornstein als neue „TS Bremen" in Dienst. Auf der TS Bremen verdienen die Variété-Künstler Siegried und Roy sich ihre ersten Meriten, bevor sie in Las Vegas Weltruhm erlangen.

Da ab 1960 bereits die erste Boeing 707 der Lufthansa einen Nonstop-Flug in die neue Welt anbietet, endet die kurze Blüte des Transatlantik-Liniendienstes 1972 mit dem Verkauf der „Bremen" nach Griechenland bzw. 1973 mit dem Konkurs der Hamburg-Atlantik Linie.

Hanseatic an der Hamburger Überseebrücke.

Mit Mutter beim Kaufmann an der Ecke

Ende der 50er-/Anfang der 60er-Jahre gibt es in Deutschland erst wenige Supermärkte. Zahlreiche Einzelhändler bedienen die mit dem steigenden Wohlstand wachsende Nachfrage der Konsumenten. Im Kinderwagen gehen wir mit unseren Müttern zum Kaufmann an der Ecke. Die Bedienung ist noch sehr persönlich – man kennt sich mit Namen und auch uns wird gebührende Beachtung geschenkt. Der Kaufmann hält noch die meisten Lebensmittel, wie z. B. Teigwaren, ohne Verpackung in Schubladen vorrätig. Auf der Theke steht häufig ein großes Glas mit Bonbons, das frühzeitig unsere Aufmerksamkeit auf sich zieht.

Die erst im Laufe der 50er-Jahre in die Regale gekommenen Obst- und Gemüsekonserven gelten als großer Fortschritt genauso wie die neuen Tiefkühltruhen mit „Jopa"-Eis am Stiel. Als etwas ganz Besonderes empfinden unsere Eltern die ebenfalls neu angebotenen tiefgekühlten Hähnchen – ein noch wenige Jahre zuvor kaum vorstellbarer Luxus. Neu sind Ende der 50er-Jahre auch Fassaden mit schwarzen Klinkern, welche mit einzelnen gelben Steinen elegant akzentuiert werden.

Der Kaufmannsladen an der Ecke.

Berni Klodt mit der Meisterschale.

Schalke 04 – Deutscher Fußballmeister 1958

Durch einen 3:0-Sieg über den Hamburger SV wird Schalke 04 am 18. Mai 1958 zum siebten Mal Deutscher Meister. Berni Klodt, Schalker Mannschaftskapitän und WM-Teilnehmer 1954, schießt die zwei Tore der ersten Halbzeit, den dritten Treffer erzielt Manfred Kreuz. Unter den 81 000 Zuschauern im Hannoveraner Niedersachsenstadion sind Zigtausende mitgereister Schlachtenbummler aus Gelsenkirchen. Über 200 000 Fans bereiten ihren Helden, zu denen u. a. auch der Mittelstürmer und spätere langjährige Präsident Günther Siebert zählt, bei deren Rückkehr einen triumphalen Empfang. Keiner ahnt, dass der siebte Meistertitel, mit dem man seinerzeit den Rekord des 1. FC Nürnberg einstellt, bis zum heutigen Tag der vorerst letzte in der Vereinsgeschichte bleiben soll.

Mit der Isetta ins Grüne

In den 50er-Jahren sind lange Arbeitswochen mit 49 Stunden noch Standard. Der Samstag ist ein ganz normaler Arbeitstag. Erst am Wochenende haben wir unsere Väter für uns. Bei schönem Wetter geht es hinaus ins Grüne – vorausgesetzt, unsere Eltern haben es bereits zu einem eigenen Auto gebracht. Für den Umstieg vom Motorrad bietet die BMW Isetta, gebaut von 1955 bis 1962, mit ihrem schützenden Dach ein völlig neues, bequemes und behagliches Fahrgefühl. Mit einem Preis um 2700 DM ist sie Ende der 50er-Jahre nur gut halb so teuer wie ein VW Käfer. Dennoch muss Vater etwa zehn durchschnittliche Brutto-Monatslöhne aufbringen, um sie sich leisten zu können.

Wir fühlen uns wohl zwischen unseren Eltern auf der (einzigen) Sitzbank, auf welche man durch die große Fronttüre kommt. Bei schönem Wetter sorgt das aufklappbare Faltdach für frische Luft. Dennoch träumen unsere Väter bereits von einem größeren Auto. Einen Zwischenschritt stellt dabei der BMW 600 dar, dessen Fronttür durch eine (!) hintere Tür rechts ergänzt wird und eine zusätzliche Rücksitzbank bietet.

Das uns zur Auswahl stehende Spielzeug ist überschaubar. Anders als heutige Kinder laufen wir noch nicht Gefahr der Übersättigung, Lustlosigkeit und Langeweile. Wir lieben die Bewegungen des Schaukelpferdes, sind fasziniert von der Möglichkeit, diese Bewegungen selbst steuern zu können. Unsere Bauklötzchen regen frühzeitig unsere Fantasie und unseren Einfallsreichtum an. Mit den Bauklötzchen beladen wir Lastautos und Eisenbahnen. Die ersten damit gebauten Türmchen erzeugen Erfolgserlebnisse, die wir still für uns genießen oder stolz nach außen verkünden.

Prominente 58er

10. März	**Sharon Stone** – *US-amerikanische Filmschauspielerin*	27. Juni	**Barbara Rudnik** – *deutsche Schauspielerin († 2009)*
14. März	**Albert Grimaldi** – *Fürst von Monaco*	30. Juli	**Kate Bush** – *englische Sängerin, Pianistin und Komponistin*
29. April	**Michelle Pfeiffer** – *US-amerikanische Filmschauspielerin*	16. Aug.	**Madonna** – *US-amerikanische Popsägerin*
04. Mai	**Keith Haring** – *US-amerikanischer Künstler (†1990)*	29. Aug.	**Michael Jackson** – *US-amerikanischer Popstar und Komponist († 2009)*
07. Juni	**Prince, bürgerlich Roger Nelson** – *US-amerikanischer Popstar und Komponist († 2016)*	26. Sept.	**Rudi Cerne** – *TV-Moderator und ehemaliger Eiskunstläufer*
29. Juni	**Ralf Rangnick** – *Bundesliga-Trainer und Sportdirektor*	27. Sept.	**Andrea Bocelli** – *italienischer Tenor*

1. bis 3. Lebensjahr

Wir entdecken
das neue Jahrzehn

1961-1963

Ein neuer Spielkamerad.

Unser Weltbild der frühen 60er-Jahre

1961 werden wir drei Jahre alt. Noch ist die im August 1961 in die amerikanischen Apotheken kommende Anti-Baby-Pille nicht auf dem deutschen Markt. Viele von uns haben inzwischen noch ein Brüderchen oder ein Schwesterchen bekommen, was uns die Aussicht auf eine/n (weiteren) Spielkameradin/en verheißt. In den Wohnzimmern unserer Eltern ist der

Chronik

12. April 1961
Der sowjetische Kosmonaut Juri Gagarin (1934–1968) startet als erster Mensch ins Weltall.

13. August 1961
Bewaffnete Volkspolizisten der DDR riegeln Ost-Berlin gegen West-Berlin ab. Bauarbeiter beginnen mit dem Bau des „antifaschistischen Schutzwalls".

10. September 1961
Der deutsche Rennfahrer Wolfgang Graf Berghe von Trips, bis dahin führender in der laufenden Formel-1-Weltmeisterschaft, stirbt zusammen mit 15 Zuschauern in der zweiten Runde zum Großen Preis von Italien in Monza.

13. April 1962
Die Beatles treten im Hamburger „Star-Club" erstmals in neuer Besetzung mit Ringo Starr (geb. 1940) am Schlagzeug auf.

31. Mai 1962
Der ehemalige SS-Obersturmbannführer Adolf Eichmann wird nach seiner Verurteilung durch ein israelisches Gericht im Gefängnis Ramla nahe Tel Aviv hingerichtet.

5. August 1962
Die amerikanische Filmschauspielerin Marilyn Monroe (1926–1962) wird in ihrer Wohnung in Los Angeles tot aufgefunden.

1. April 1963
Das Zweite Deutsche Fernsehen (ZDF) nimmt seinen Sendebetrieb auf. Gleichzeitig werden in der Bundesrepublik erstmals Einschaltquoten gemessen.

23. Juni 1963
Der amerikanische Präsident John F. Kennedy wird bei seinem Staatsbesuch in der Bundesrepublik und in West-Berlin begeistert gefeiert. „Ich bin ein Berliner", das Schlusswort seiner Rede vor dem Schöneberger Rathaus, macht ihn zum charismatischen Helden.

16. Oktober 1963
Ludwig Erhard wird als Nachfolger des nach 14-jähriger Amtszeit zurückgetretenen Konrad Adenauer zum neuen Bundeskanzler gewählt.

Nierentisch inzwischen verschwunden und die neue Sachlichkeit eingekehrt.

Auch die Mode unserer Mütter hat sich gewandelt. Der Petticoat ist out. Tulpenröcke und bequem geschnittene Blusen hängen in den Kleiderschränken. Unsere Väter können sich über eine Lohnsteigerung von mehr als 10 % im Vergleich zum Vorjahr freuen. Gleichzeitig ist die Wochenarbeitszeit auf 44 Stunden gesunken. Die Wirtschaft wächst ungebrochen. Es herrscht Vollbeschäftigung. Wirtschaftsminister Erhard erwägt Maßnahmen einer Konjunkturbremse. Da in der Bundesrepublik der Zustrom von DDR-Flüchtlingen mit dem Mauerbau versiegt, bemüht sich die Wirtschaft um die weitere Anwerbung dringend benötigter Arbeitskräfte aus südeuropäischen Ländern.

Trotz der nach wie vor nötigen Sparsamkeit unserer Eltern, profitieren wir vom Wirtschaftswachstum: Vitaminreiche Südfrüchte sind im Westen nun Standard; der jährliche Pro-Kopf-Verbrauch verdoppelt sich innerhalb kürzester Zeit und steigt Anfang der 60er-Jahre auf über 20 kg. Viele von uns fahren mit ihren Eltern zum ersten Mal in die Ferien. Die Mehrheit bevorzugt mit Nord- und Ostsee, dem Harz und der Lüneburger Heide Ziele in Norddeutschland. Nicht wenige reisen sogar zum ersten Mal ins Ausland. Österreich, die Schweiz und Italien stehen in der Beliebtheitsskala ganz oben.

Neue Geldscheine

Ab 1961 müssen sich unsere
Eltern an neue Geldscheine in
ihren Portemonnaies gewöhnen.
Die Banknoten, die wir vom ersten
Tag unseres bewussten Umgangs
mit Geld kennen, begleiten uns
unsere gesamte Kindheit und Jugend

Der 1961 eingeführte neue 20-DM-Schein.

und werden erst 30 Jahre später durch eine neue Serie abgelöst. Neu sind
1961 die erstmals in Umlauf gebrachten 500- und 1000-DM-Banknoten. Die
neuen Motive sollen verstärkt deutsche Traditionen und Persönlichkeiten
hervorheben. Albrecht Dürer und das Segelschulschiff Gorch Fock (10-DM-
Schein) sind auf den neuen Banknoten zu finden genauso wie die Nürnberger
Kaufmannsfrau Elisabeth Tucher und Musikinstrumente (20-DM-Schein).

Mehr Zeit für uns als unsere Eltern, die hart arbeiten müssen, haben unsere
Großeltern. Weiser und gelassener widmen sie uns ihre ganze Aufmerksamkeit, sind immer verständnisvoll und
nachsichtig, wenn wir einmal unartig
sind. Wenn unsere Eltern etwas nicht
erlauben, erkennen wir bald, wie
aussichtsreich es ist, noch einmal bei
Oma oder Opa nachzufragen. Auf
dem Schoß von Oma und Opa
werden uns Berge von Bilderbüchern
vorgelesen. Wir bekommen alles
erklärt und die Bilder beschrieben.
Frühzeitig fördern sie auf diese
Weise unser Interesse und unsere
Auffassungsgabe.

Oma ist die Beste.

Rennfahrer und Gentleman

Wolfgang Graf Berghe von Trips ist der erste deutsche Automotorsportler, der nach dem Zweiten Weltkrieg ein Grand-Prix-Rennen gewinnt. Im Jahr 1961 siegt er beim Grand Prix in den Niederlanden. Als WM-Führender schickt er sich im September 1961 an, Formel 1-Weltmeister zu werden. Beim Großen Preis von Italien in Monza stirbt er zusammen mit 15 Zuschauern bei einem schweren Unfall in der zweiten Runde. Die Live-Übertragung im Radio wird danach abgebrochen. Trips, aus einem alten Adelsgeschlecht mit Sitz in Horrem bei Köln kommend, ist der erste deutsche Fahrer, der von Ferrari einen Werksvertrag erhält.

Eine schillernde Persönlichkeit, der Rennfahrer Wolfgang Graf Berghe von Trips.

Weltgewandt und vielsprachig ist der gut aussehende Junggeselle der Schwarm von Müttern und Töchtern und auch außerhalb der Rennstrecke ein Vorbild für die Jugend. Posthum wird er von den deutschen Sportjournalisten 1961 zum Sportler des Jahres gewählt. Jahrzehnte später setzt ihm der britische Popstar Chris Rea mit dem Film „La Passione" und der gleichnamigen CD ein Denkmal.

Lego oder „Wir bauen eine Stadt"

Zu unserem bevorzugten Spielzeug gehören Anfang der 60er-Jahre die Lego-Bausteine in verschiedenen Größen und Farben. Noch gibt es keine „Fertig-Packungen", auf welchen das Ergebnis unserer Bautätigkeit vorgegeben ist. Also sind unserer Kreativität nur durch die Menge der verfügbaren Steine Gren-

Mit Lego konnten wir stundenlang spielen.

zen gesetzt. Auf einer dünnen quadratischen Platte bauen wir Häuser, Kirchen und Fabriken. Meist können wir die Monumente nicht so hoch bauen, wie wir das gerne möchten, da wir nie genügend Steine besitzen. Über viele Jahre hinweg sind Lego-Produkte ein bei uns gern gesehenes Geschenk.

Puppenmütter

Die erste Puppe bekommen die Mädchen unseres Jahrgangs meist zu Weihnachten oder zum Geburtstag geschenkt. Auch wenn es keine Käthe-Kruse-Puppe ist, sondern ein für heutige Maßstäbe eher bescheidenes Modell, wird sie sogleich ins Herz geschlossen. Liebevoll wird die Puppe an- und ausgezogen und in ihren Mini-Kinderwagen gelegt, mit dem man fortan spazieren geht. Jahre später, im Zuge der Emanzipierungswelle ärgern sich viele, wie man sich als Kind der Verantwortung als Puppenmutter „bewusst war".

Um 1960 dürfen Susi oder Gabi, oder auf welchen Namen die Puppe auch immer getauft worden war, auf keinen Fall allein gelassen werden. Nachmittags spielten die Mädchen mit der Schwester oder einer Freundin Vater-Mutter-Kind. Stundenlang werden die Puppenkinder gefüttert, gekämmt und gebadet. Mehr oder weniger streng werden sie „erzogen", bekommen – wie die Puppenmütter selbst – Verbote und Ermahnungen zu hören.

Das Ende der schönen Isabella

Kaum ein anderer Auto-Hersteller jagte so von Neuheit zu Neuheit wie Carl F. W. Borgward.

Besessen von der Leidenschaft, immer neue Autos zu bauen, sagte Borgward gegen alle Einwände seiner Buchhalter: „Wenn ich heute etwas entwerfe, dann sage ich morgen: ‚Deutsche Arbeiter, fanget an', und niemand kann dazwischenquatschen ..." Borgwards Isabella war ein Blech gewordenes Stück Wirtschaftswunder. Wer sie fuhr, der hatte es geschafft.

Zur Krönung des Borgward-Images wurde das Isabella Coupé. Bald stand es vor weißen Bungalows mit gestutzten Rasenflächen und wurde von behand-

schuhten Ehefrauen mit toupierten Frisuren gesteuert. Auch Miss Germany erhielt 1958 als Preis eine Isabella, auf der sie werbewirksam posiert. Anfang 1961 brach der Borgward-Konzern zusammen. Er war zahlungsunfähig. Acht Jahre später, nach dem Ende des Konkursverfahrens, stellte sich heraus, dass alle Gläubiger zu hundert Prozent befriedigt werden konnten. Borgward war nicht pleite, sondern nur kurzfristig illiquide, weil ein durch Grundstücke abgesicherter Kredit von zehn Millionen Mark gestoppt worden war.

Diese Milchmänner brachten die Milch mit ihrem DKW Schnell-Laster bis vor die Haustür.

Wenn der Milchmann pfeift

Während der ganzen Wirtschaftswunderjahre und noch bis in die frühen Siebziger werden die Haushalte vieler deutscher Städte auf höchst ökologische Art und Weise von Milchmännern mit Frischmilchprodukten versorgt. Auf ihrer Route halten die Milchmänner alle paar Hundert Meter. Mit lautem Trillern wird die Kundschaft auf die Straße gelockt. Mit der Milchkanne bewaffnet, eilen die Anwohner auf die Straße. Sind unsere Mütter nicht da, werden wir zum Milchholen geschickt. Der Milchmann kennt nicht nur jeden seiner Kunden und deren Kinder, er kennt auch alle mütterlichen Handschriften auf den Zetteln, die ihm die Kinder entgegenhalten. Für uns ist der tägliche Halt des Milchmanns vor der Haustür ein Ereignis. Er weiß immer aufregende Neuigkeiten aus dem Stadtviertel und hat gleichzeitig die neuesten Witze und Späße auf Lager.

An des Milchmanns rollender Theke.

Neue Schuhe und Lurchi-Heftchen

An der Hand unserer Mütter geht es alle paar Monate wieder ins Schuhgeschäft, wo wir eine ganze Reihe neuer Schuhe anprobieren müssen. Die Begeisterung hält sich insbesondere bei den Jungen in engen Grenzen, wissen wir nur allzu gut vom letzten Schuhkauf, wie die neuen Schuhe noch tage-, mitunter wochenlang drücken werden. Bei Laune hält uns der Gedanke an das neueste Heft mit Lurchis Abenteuer, das wir aus dem Schuhgeschäft mit nach Hause nehmen dürfen. In regelmäßigen Abständen erscheint ein Heftchen mit den Geschichten des pfiffigen beschuhten Salamanders mit seinen Freunden Unkerich, Igelmann, Hopps, Mäuserich und Zwerg Pipping. Wir verschlingen sie mit derselben großen Begeisterung wie die Abenteuer von Micky Maus, Donald Duck, Fix & Foxi und Co.

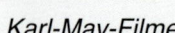

Karl-May-Filme

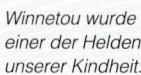
Winnetou wurde einer der Helden unserer Kindheit.

Anfang der 60er-Jahre entscheidet man sich bei der zuvor durch die Edgar-Wallace-Serie erfolgreichen Constantin GmbH für die Verfilmung eines Wild-West-Abenteuers aus der Feder des Romanschriftstellers Karl May. Den Produktionsauftrag erhält die Firma Rialto-Film des Erfolgsproduzenten Horst Wendlandt. Regie soll der ehemalige Heimat- und Bergfilmer Harald Reinl führen. Für die Rolle des Old Shatterhand kann man den internationalen Star Lex Barker gewinnen. Die Rolle des Winnetou ist noch offen, als Horst Wendlandt den nahezu unbekannten Franzosen Pierre Brice kennenlernt und kurzerhand für die Rolle engagiert.

Die Bergregionen Kroatiens sollen als amerikanische Landschaft herhalten. Der durchschlagende Erfolg von „Der Schatz im Silbersee" (1962) veranlasst die Produzenten, die Reihe um weitere Filme zu erweitern. Unter den Protagonisten finden sich berühmte Namen wie Uschi Glas, Dunja Raiter, Dalia Lavi, Mario Adorf, Stewart Granger, Götz George, Gojko Mitic oder Karin Dor. In den 70er-Jahren gelangen die Filme ins deutsche Fernsehen. Zum Zeitpunkt ihrer Uraufführung noch zu klein, sehen wir nun zum ersten Mal die Filme, deren Bilder wir aus den 60er-Jahren von Sammelbildern oder Quartettkarten kennen.

Ein typischer Sonntagsausflug.

Picknick und Seifenblasen

Mit Freunden und Verwandten in zwei oder drei Autos am Sonntag ins Grüne zu fahren ist Anfang der 60er-Jahre bei vielen unserer Eltern ein beliebtes Vergnügen. Da man in den meisten Fällen erst seit wenigen Jahren über ein eigenes Auto verfügt, kennt man auch nah gelegene Ausflugsziele bislang oft nur von Postkarten. Das Auto ermöglicht es, für einige Stunden seiner Backstein- und Betonwelt zu entfliehen. Beliebter als der Besuch von Sehenswürdigkeiten ist in unserem noch zarten Alter das Picknick im Grünen. Dort dürfen wir herumtoben, ohne auf die Gefahren des städtischen Straßenverkehrs achten zu müssen. Das Spielen mit den Kindern der Freunde unserer Eltern macht uns genauso viel Spaß wie das Grillen von Würstchen am Lagerfeuer.

Zu den Höhepunkten unseres kindlichen Daseins gehört – speziell in Kleinstädten – der alljährlich stattfindende Jahrmarkt. Bereits von Weitem zieht uns der Rummel mit seiner Lebendigkeit magisch an. Mit großen Augen betrachten wir das Karussell. Die einen mit spontaner Begeisterung, die anderen noch

etwas zögerlich und ängstlich nehmen wir in einem der Autos Platz. Besonders begehrt sind die Plätze am Lenkrad, weswegen manche Karussellautos für jeden Sitzplatz mit einem solchen ausgerüstet sind. Für Boxautos und Schiffschaukeln können wir uns erst einige Jahre später begeistern.

Als Leckereien locken Magenbrot in Spitztüten und Zuckerwatte. Allen Vergnügungen setzt Mutters Haushaltskasse oder Vaters Taschengeld enge Grenzen. Falls die finanziellen Mittel dies ermöglichen, tragen wir stolz einen großen Luftballon mit Hasenohren oder eine blaue Büchse Pustefix mit Korkverschluss und metallener Spiralfeder nach Hause. Langsam und vorsichtig üben wir uns in der Erzeugung möglichst großer Seifenblasen.

Wirtschaftswunder und Soziale Marktwirtschaft

Am 16. Oktober 1963 wird Ludwig Erhard als Nachfolger des zur Halbzeit seiner Legislaturperiode zurückgetretenen Konrad Adenauer zum neuen Bundeskanzler der Bundesrepublik Deutschland gewählt. Seinen Platz in den Geschichtsbüchern hat der 1897 in Fürth geborene CDU-Politiker zu diesem Zeitpunkt bereits sicher. Die von ihm 1948 als Direktor der Verwaltung für Wirtschaft in der Bizone durchgeführte Währungsreform und die von ihm als Wirtschaftsminister initiierte Soziale Marktwirtschaft sind der Grundstein für das, was heute als das deutsche Wirtschaftswunder gilt. Entwickelt wurden die

Grundlagen für das Konzept der Sozialen Marktwirtschaft bereits in den 1930er-/40er-Jahren von Wirtschaftswissenschaftlern an der Universität Freiburg. Die negativen Begleiterscheinungen eines unkontrollierten Liberalismus, insbesondere soziale Ungerechtigkeiten, sollten genauso vermieden werden wie ein motivationshemmender Zentralismus. Bis November 1966 regiert Ludwig Erhard als Bundeskanzler. Von März 1966 bis Mai 1967 ist er zudem Bundesvorsitzender der CDU.

Gründung der Bundesliga

1963 wird die lange gehegte Idee, die stärksten deutschen Klubmannschaften in einer Spitzenliga zusammenzufassen, in die Tat umgesetzt. Unermüdlich kämpften Männer wie Bundestrainer Sepp Herberger und der Präsident des 1. FC Köln, Franz Kremer, für dieses Ziel. Als endlich der Startschuss fällt, ist Deutschland die letzte unter den zwanzig bedeutendsten europäischen Fußball-Nationen, die sich eine landesweite Spitzenliga schafft. Immer weiter lag man bis zu diesem Zeitpunkt hinter den Verdienstmöglichkeiten für Spitzenspieler in Spanien oder Italien.

Viele deutsche Nationalspieler wie Helmut Haller oder Karl-Heinz Schnellinger folgten den Verlockungen italienischer Profi-Klubs. Nach dem frühzeitigen Aus der Nationalmannschaft bei der WM 1962 in Chile und aus Sorge, der deutsche Fußball könnte „ausbluten", siegt schließlich die Einsicht. Am 24. August 1963 startet die Bundesliga mit 16 Klubs in ihre erste Saison. Ein Jahr später wird der 1. FC Köln erster Bundesliga-Meister.

Kicker 34/1963.

Erste **Schulzeit**

Drachen steigen lassen war ein Riesenspaß.

Abenteuer vor der Haustür

Weniger beschränkt als das knapp
bemessene Haushaltsbudget unserer
Eltern zeigt sich Mitte der 60er-Jahre der Raum, der uns Kindern für
unser Spiel zur Verfügung steht. Natürlich sind die meisten Wohnungen klein,
aber das Abenteuer beginnt ja direkt vor der Haustür. In den Höfen und auf
den meist noch spärlich befahrenen Seitenstraßen tummeln sich Scharen
unbeschwert spielender Kinder. Meist liegen auch größere, unbebaute
Freiflächen nicht allzu weit von zu Hause entfernt und sind daher leicht
erreichbar. Die allenthalben wie Pilze aus dem Boden sprießende, von Eltern
wie Pädagogen unisono gegeißelte „Schundliteratur" in Gestalt von Comic-
Heftchen regen die kindliche Fantasie zu immer neuen Abenteuerspielen an.

Chronik

15. Februar 1964
In Miami Beach wird der 22 Jahre alte Cassius Clay Boxweltmeister im Schwergewicht.

12. Mai 1964
Sepp Herberger nimmt Abschied von der Nationalmannschaft.

30. Juni 1965
Die Ruhr-Universität Bochum wird als erste Universität im Ruhrgebiet eröffnet. Die Universität soll der Bevölkerung der traditionellen Industrieregion den Weg zur akademischen Bildung erleichtern.

8. Oktober 1965
Das Internationale Olympische Komitee (IOC) beschließt die Zulassung von zwei deutschen Mannschaften zu den Olympischen Spielen in Mexiko City 1968 und erkennt das Nationale Olympische Komitee (NOK) der DDR an.

5. Mai 1966
Borussia Dortmund gewinnt als erste deutsche Mannschaft einen europäischen Fußball–Pokal: Im Endspiel des Europa–Pokals der Pokalsieger schlägt man den FC Liverpool mit 2:1.

1. Dezember 1966
Nach Scheitern der Koalitionsverhandlungen zwischen CDU, CSU und FDP und Rücktritt von Ludwig Erhard wird Kurt Georg Kiesinger zum Bundeskanzler einer Regierung der Großen Koalition aus CDU/CSU und SPD gewählt. Vizekanzler und Außenminister wird Willy Brandt.

29. April 1967
Uraufführung des Rock-Musicals „Hair" in New York. Das Werk des kanadischen Komponisten Galt McDermot provoziert zunächst Empörung, von den Jugendlichen in aller Welt wird es hingegen innerhalb kürzester Zeit zu einem Kultstück erhoben.

2. Juni 1967
Bei der Demonstration gegen den Besuch des Schahs von Persien wird der 26-jährige Student Benno Ohnesorg von einem Polizisten in Berlin erschossen.

25. August 1967
Mit der Live-Fernsehshow „Der Goldene Schuß", der ersten Farbsendung, die das ZDF ausstrahlt, beginnt für ARD und ZDF das Farbfernseh-Zeitalter.

Im Herbst nutzen wir die Freiflächen, um die bunten, selbst gebastelten Drachen steigen zu lassen. Die gleiche Landschaft dient im Winter dem Schlittenfahren; es herrscht Hochbetrieb an den Hängen und Pisten. Im Sommer laden die Schwimmbäder zum nassen Zeitvertreib ein.

Ein lang ersehnter Wunsch geht in Erfüllung – Die erste Spielzeug-Eisenbahn.

Der erste Schultag

Wochenlang fiebern wir dem großen Tag entgegen. Endlich ist es so weit. Von unseren Eltern manierlich herausgeputzt, geht es mit Schulranzen und Schultüte zum ersten Mal in die Schule. Wir gehören zu den geburtenstarken Jahrgängen. Folglich sind Klassen mit vierzig, fünfzig Schülern und mehr eher die Regel als die Ausnahme.

Unsere Lehrerinnen und Lehrer haben es daher nicht leicht, uns mit Willi & Dora und anderen klassischen Schulfibeln der 60er-Jahre das Lesen und Schreiben beizubringen.

Die Geschlechterrollen sind in- und außerhalb der Schule festgelegt: für die Mädchen gibt es Puppen, Puppenwagen, Puppenstuben und jede Menge Steiff-Tiere, die Buben wünschen sich Spielzeugautos, eine elektrische (MÄRKLIN, FLEISCHMANN oder TRIX) Eisenbahn, vielleicht einen Metallbaukasten oder gar ein Tretauto. Mitte der 60er-Jahre sind die Schaufenster der Spielzeuggeschäfte längst wohlgefüllt. Wir profitieren vom Wirtschaftswunder der erst fünfzehn Jahre alten, noch jungen Republik.

Harte Grenzen setzt jedoch Vaters Geldbeutel – kein Wunder bei einem durchschnittlichen Monatslohn von wenigen Hundert DM (zum Vergleich: die billigste Märklin-Lok kostet 1964 15 DM, für eine Zugpackung mit aufregend dynamischem Deckelbild, bestehend aus einer Lok, drei Güterwagen und einem kleinen Schienenoval blättert der gute Papa 35 DM hin). So bleibt denn mancher Traum vorerst unerfüllt.

Haferflockenbrei und Sammelbilder

Eine ganze Generation wächst Anfang der 60er-Jahre mit Kölln-Flocken zum Frühstück auf. Das Wort „Müsli" ist für den Haferflockenbrei noch wenig gebräuchlich. Irritiert sind wir vom doppelten „L" der Kölln-Flocken, wissen wir doch aus unserem Kinderbuch „Die Heinzelmännchen zu Köln", dass man die Stadt am Rhein mit nur einem „L" schreibt.

Erst später wird uns bewusst, dass Kölln-Flocken nicht aus Köln, sondern von der Firma Peter Kölln aus Elmshorn bei Hamburg kommen. Die einen eher widerwillig, die anderen mit großem Appetit essen wir unseren morgendlichen, oft mit viel Zucker, Obst oder Schokolade und Milch erweiterten Frühstücksbrei. Ein Motivator sind die jeder Packung beiliegenden zwei Sammelbilder, die wir in Alben wie „Bi-Ba-Butzemann", „Gut Freund mit Tieren", „Seefahrt" oder „Im Reich der Blumen" einkleben.

Endlich Schule!

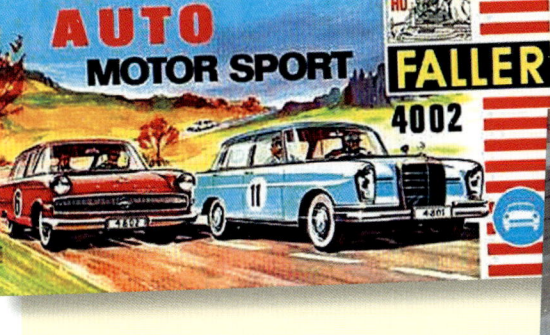

Fast wie die Großen – unsere Faller-Autos.

Die neue Faller-Rennbahn

Ein Höhepunkt für die Jungs unseres Jahrgangs ist Mitte der 60er-Jahre das Geschenk der ersten elektrischen Rennbahn. Die Firma Faller aus dem Schwarzwald entwickelt ab 1963 im Rahmen ihrer Baureihe Auto Motor Sport verschiedene Packungen. Die einfachste offeriert nur eine kreisrunde „Rennstrecke", wobei letztgenanntes Wort durch die Tatsache relativiert wird, dass nur ein einziges Auto der Packung beiliegt, ein VW Käfer. Wer von uns das Glück hat, dass seine Eltern etwas tiefer in die Tasche greifen, findet in seiner Packung deutlich mehr Schienenstücke, mit welchen sich sogar ein „Achter" bauen lässt. Zwei Autos erlauben, einen Spielkameraden vorausgesetzt, tatsächlich spannende Rennen auszutragen. Fehlt der Spielkamerad, ermöglichen die Drehregler, mit welchen die Geschwindigkeit der Autos gesteuert werden, eines der Autos auf eine permanente Geschwindigkeit zu bringen, bei welcher der Rennwagen gerade noch auf der Fahrbahn bleibt. Mit dem zweiten Wagen fährt man nun gegen den ersten, versucht diesen in möglichst kurzer Zeit zu überrunden.

Die Autos, die der populärsten Packung beiliegen, sind Miniaturen der Anfang der 60er-Jahre gängigen Oberklasse-Limousinen, ein Mercedes 220 SEb „Heckflosse", typischerweise in hellblau mit dunkelblauem Dach, sowie ein Opel Kapitän PLV in gelbbeige mit orangefarbenem Dach. Optisch aufgepeppt werden die Autos mit Aufklebern für Startnummern und Nationalitäts-Kennzeichen mit bunten Flaggen. Kurz in Wasser aufgelöst, lassen sie sich auf den Kofferraum, Türen und Motorhauben der Autos kleben. Heute sind die Faller-Rennbahnen und ihre Autos gesuchte Sammlerstücke, und manch einer von uns bedauert, dass er die seine damals nicht mit mehr Sorgfalt behandelt hat.

Mädchen-Geburtstag ohne
die „blöden" Jungs.

Mädchenspiele und selbst gemachte Musik

Auf den gut gefüllten Pausenhöfen spielen wir Fangen oder Verstecken.
Jungen und Mädchen interessieren sich höchstens füreinander, um sich etwas
zu beweisen – ansonsten bleibt man lieber unter sich. Die Jungen ärgern die
Mädchen, die sich sowieso „ziemlich blöd" benehmen. Diese treffen sich nachmittags, um zusammen Gummitwist, Hüpfen oder Himmel und Hölle zu spielen.
Stundenlang wird ausgiebig gehüpft und gestritten, wer am höchsten oder am
weitesten hüpfen kann. Bei den Murmel-, Versteck- oder Fangenspielen dürfen
auch schon mal die Jungen mitmachen, wenn diese sich dazu herablassen.

Das ist aus Mädchensicht viel spannender, manchmal jedoch auch etwas
grob. Das sogenannte „Klingelmännchen" wird am liebsten auf dem Schulweg
geübt, wobei es darauf ankommt, möglichst lange zu klingeln und möglichst
schnell wegzulaufen, was schon einmal zu erbosten Anrufen der Nachbarn bei
den ahnungslosen Eltern frecher „Klingelmännchen" führt.

Voller Ehrgeiz fördern unsere Eltern unsere Musikalität, die bei den einen von
uns mehr, bei den anderen eher weniger ausgeprägt vorhanden ist. Erstes
Instrument ist die Blockflöte, auf welcher wir die Tonleiter und die ersten Kinder-
lieder üben. Wir lernen das Notenlesen, was – sofern dies über die Jahre
hängen bleibt – uns für den späte-
ren Musikunterricht auf der Schule
sehr hilfreich ist. Die Virtuoseren
unter uns (eher die Minderheit)
steigen bald auf anspruchsvollere
Instrumente, die FFlöte oder das
Klavier um. Den weniger Begabten
klingen heute noch das klägliche
Pfeifen und die falschen Töne aus
ihrer Blockflöte in den Ohren.

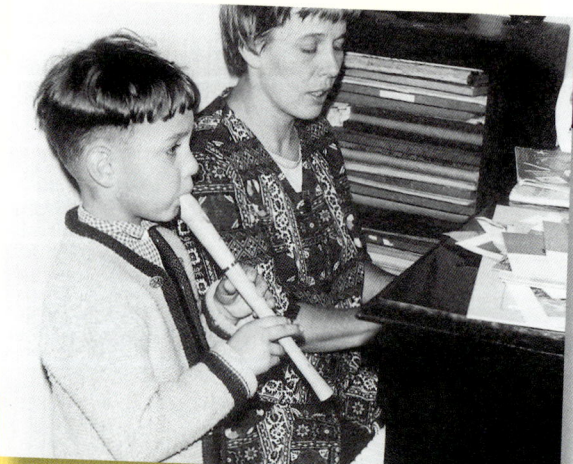

„House–Musik" war in.

Keine Familienfeier ohne Kaba, den Plantagentrank.

Kaba – Der Plantagentrank

Ganze Generationen, so auch die 58er, wachsen auf mit „Kaba, dem Plantagentrank". Bereits 1929 auf den Markt gekommen, wird Kaba bald zum Gattungsbegriff für kakaohaltige Getränke schlechthin. Erfinder ist der Bremer Kaufmann Ludwig Roselius (1874–1943), der zuvor bereits mit seinem entkoffeinierten „Kaffee Hag" für Furore sorgte.

Nach Produktionsunterbrechung zwischen 1943 und 1948 kann Kaba in der neu gegründeten Bundesrepublik wieder an alte Erfolge anknüpfen. Beliebt sind bei unserem Jahrgang die Ende der 60er-Jahre in die Deckel der Packungen eingelegten Ansteck-Buttons mit Disney-Motiven oder den Wappen der Fußball-Bundesliga-Klubs. Später erlangen auch die neuen Sorten „Kaba fit Erdbeere" oder „Kaba fit Banane" große Beliebtheit. Heute gehört Kaba zum Lebensmittelkonzern Mondelēz International.

Cowboys und Indianer

Die seit 1962 erfolgreichen Karl-May-Verfilmungen beflügeln unsere kindliche Fantasie. Karneval und Fasching sind für diejenigen von uns, die in entsprechenden Regionen zu Hause sind, willkommener Anlass zur fastnächtlichen Maskerade als Indianer und Cowboy. Die Vorbilder heißen Winnetou, Nscho-Tschi oder Old Shatterhand. Noch ist die Industrie für Karneval-Accessoires nicht so weit fortgeschritten, dass es die originalgetreue Bekleidung in Kindergeschäften und

den Spielwarenabteilungen der Warenhäuser zu kaufen gibt. So sind wir auf Mutters handwerkliches Geschick im Umgang mit der Nähmaschine angewiesen.

Die größte Aufmerksamkeit in seinem Kameradenkreis zieht letztlich der- oder diejenige auf sich, dessen/deren Outfit Winnetou und seinen Freunden am nächsten kommt. Ergänzt werden Mutters Nähkünste um eine Perücke, einen Federschmuck oder einen Cowboyhut und einen Sheriffstern aus dem Spielwarengeschäft. Krönung des Ganzen ist zum Schrecken unserer Mütter ein Colt oder Winnetous Silberbüchse. Besonderen Respekt erzielt man dabei bei seinen Freunden, wenn das gegen anfängliche Widerstände von den Eltern spendierte Schießgerät nicht mit Zündplättchen, sondern mit runder Schreckschuss-Munition ausgerüstet ist, die den nötigen Knalleffekt erst richtig garantiert.

Fußball-WM 1966 und Wembley-Tor

Viele von uns Sieben- bis Achtjährigen verfolgen zum ersten Mal bewusst ein Fußballspiel, als am 12. Juli 1966 bei der Fußball-WM in England die deutsche Nationalmannschaft in Birmingham auf die Schweiz trifft. In den deutschen Reihen steht neben dem erfahrenen Italien-Legionär Helmut Haller im Mittelfeld ein erst 20-jähriger Jungstar vom im Vorjahr in die Bundesliga aufgestiegenen FC Bayern München. Sein Name: Franz Beckenbauer. Die elegante Art seines Spiels und die beiden Tore, die er zum 5:0-Sieg beisteuert, hinterlassen bei uns einen nachhaltigen Eindruck.

Die deutsche Mannschaft schafft es nach weiteren Siegen gegen Spanien, Uruguay und die Sowjetunion bis ins Finale, wo man am 30. Juli 1966 auf Gastgeber England trifft. Nachdem Wolfgang Weber aus Köln in der letzten Minute der regulären Spielzeit zum 2:2 ausgleicht, kommt es zur Verlängerung. In der elften Minute dieser Verlängerung donnert Geoffrey Hurst den Ball

Bobby Moore empfängt die Weltmeister-Trophäe von der 43-jährigen Königin Elisabeth II.

unter die runde Torlatte, von wo er, wie wir alle deutlich sehen, auf die weiße Linie springt. Nach Beratung mit dem sowjetischen Linienrichter Bakhramow entscheidet der schweizerische Schiedsrichter Gottlieb Dienst auf Tor. Wir kindlichen Jungs sind empört ob dieser „himmelschreienden Ungerechtigkeit", die der deutschen Mannschaft den WM-Titel kostet. Der schweizerische Schiedsrichter vereint für uns das Böse dieser Welt und prägt für die nächste Zeit unser Bild von unseren südlichen Nachbarn.

Bin i Radi, bin i König

Als der TSV 1860 München 1966 zum bislang einzigen Mal in seiner Geschichte Deutscher Meister wird, stehen mit Peter Grosser, Timo Konietzka oder Rudi Brunnenmeier zahlreiche Stars in dessen Reihen. Der wirkliche „König der Löwen" steht jedoch im Tor. Torhüter Petar Radenkovic, genannt „Radi", der erste ausländische Star der Bundesliga. Populär wurde der gebürtige Jugoslawe, nach eigenem Urteil „bestes Torwart von Welt", durch seine spektakulären Ausflüge mit dem Ball quer über das Spielfeld. „Radi" trieb seinem Trainer Max Merkel damit die Zornesröte ins Gesicht und gehört heute zu den schillerndsten Figuren der Bundesliga-

„Bestes Torwart von Welt": Petar Radenkovic.

Geschichte. Voller Selbstvertrauen wagt er sich auch ins Showbusiness.

Mit über 400 000 verkauften Exemplaren seines Hits „Bin i Radi, bin i König" stürmt er auf Platz fünf der meist verkauften Hitsingles des Jahres 1965.

Laubsägen

Zu den in den 60er-Jahren beliebten Hobbys
der Jungen unseres Jahrgangs gehört das
Laubsägen. Die Sperrholzvorlagen liefert die
Firma Graupner. Entlang den vorgezeichneten Linien sägen wir mit Feingefühl Märchen-
motive, Disneyfiguren oder Indianer- und
Cowboy-Motive aus. Besonders anspruchs-
voll sind die Figuren, bei welchen Holzstücke aus dem Innern des Motivs
herausgesägt werden müssen. Feinsäuberlich wird hierzu zunächst ein Loch
gebohrt, das Sägeblatt durchgezogen, wieder in die Säge eingespannt und
das betreffende Stück ausgesägt. Anschließend wird das Ganze mit Buntstif-
ten oder Wasserfarben bemalt, mitunter sogar noch mit Klarlack überzogen.
Wessen kreativen Ansprüchen die vorgezeichneten Graupner-Schablonen
nicht mehr genügen, versucht sich alsbald mit selbst gezeichneten Figuren
und Motiven. Unserer Fantasie sind keine Grenzen gesetzt.

Der Plattenspieler
unserer Eltern

Mit sieben/acht Jahren entdecken wir die
faszinierenden Möglichkeiten, die uns der
elterliche Plattenspieler eröffnet. Wir
können dort nicht nur unsere neuen Mär-
chen-, Kasper- und Winnetou-Hörspiel-
Platten abspielen, auch die Schallplatten
unserer Eltern finden nun zunehmend

Noch zu jung für einen eigenen Musikgeschmack,
lauschen wir fasziniert den Schallplatten unserer Eltern.

unsere Aufmerksamkeit. Je nachdem, wie deren Geschmack geartet ist, entdecken wir die Welt der Musik von der Klassik bis zum Schlager. Sofern das elterliche Gerät noch keine automatische Start-Taste besitzt, üben wir unsere Fingerfertigkeit beim vorsichtigen Auflegen der Nadel. Ganz moderne Geräte besitzen sogar einen Automatic-Stab, der nach dem Abspielen einer Platte die nächste automatisch herunterfallen lässt.

Mit elf Nr. 1-Hits in den 60er-Jahren sind die Beatles bis heute Rekordhalter in Deutschland.

In den Jahren um 1967 dürfen die meisten von uns in der Silvesternacht zum ersten Mal bis Mitternacht aufbleiben. Während manche gegen den Schlaf kämpfen, lassen sich die anderen mitreißen von der ausgelassenen Stimmung unserer Eltern und deren Freunde. Und natürlich spielt der Plattenspieler die beliebteste Musik. Als es dann so weit ist, sehen viele zum ersten Mal das große Feuerwerk, mit dem das neue Jahr willkommen geheißen wird. Am nächsten Morgen gibt es in vielen Familien eine große Neujahrs-Brezel, die in kunstvoller Weise mit den Ziffern des neuen Jahres verziert ist.

Probier's mal mit Gemütlichkeit

Als 1967 Walt Disney's Dschungelbuch in den deutschen Kinos debütiert, gehören viele unseres Jahrgangs zu den ersten Besuchern des Zeichentrick-Spektakels, das auch noch Jahrzehnte später, bis zum heutigen Tag, eine große Faszination auf Kinder wie Erwachsene ausübt. Für nicht wenige von uns ist es 1967 der erste Kinobesuch überhaupt. So bedeutet es eine neue Erfahrung, eine bunte (Zeichentrick-) Welt auf einer großen Leinwand zu sehen. Bevor der eigentliche Film beginnt, läuft ein ca. halbstündiger Vorfilm, der uns oft nicht minder in seinen Bann zieht. Disney und seine im Dschungelbuch gezeigten Charaktere entführen uns anschließend in eine aus unserer kindli-

Der Schauspieler Klaus Havenstein war die Stimme von King Louie im Dschungelbuch.

chen Sicht faszinierende exotische Welt. Eine verlassene, vom Dschungel überwucherte Stadt wird dominiert von einem Affenvolk. Dessen König „King Louie" besingt den Menschenjungen Mogli, er „wäre so gern wie du". King Louies deutsche Stimme kommt von Klaus Havenstein, den meisten von uns wohl bekannt aus seinen nachmittäglichen Auftritten im Fernseh-Kinderprogramm.

Studentenbewegung und APO

Schillerndste Figur der Studentenbewegung der 60er-Jahre wird der 1940 in der Mark Brandenburg geborene Rudolf Dutschke. Nachdem er wegen seiner kritischen Einstellung kein Studium in der damaligen DDR beginnen durfte, absolviert er von 1958 bis 1960 eine Ausbildung zum Industriekaufmann in einem „Volkseigenen Betrieb". Zum Wintersemester 1961/1962 beginnt er mit dem Soziologiestudium an der Freien Universität in West-Berlin. Auch im Westen kann Rudi Dutschke sich mit den bestehenden politischen Verhältnissen nicht anfreunden. Er ist Mitbegründer der „Subversiven Aktion", die sich 1964 dem Sozialistischen Deutschen Studentenbund (SDS) anschließt. 1965 gehört er bereits zum politischen Beirat des SDS und prägt den Leitsatz „Ohne Provokation werden wir überhaupt nicht wahrgenommen." Er organisiert Demonstrationen gegen den Vietnam-Krieg, gegen die große Koalition aus CDU und SPD, gegen die geplanten Notstandsgesetze und gegen das sogenannte „Establishment" und ist an der Bildung der „Außerparlamentarischen Opposition" (APO) beteiligt. Dutschke spricht sich jedoch stets entschieden gegen Gewaltakte und terroristische Aktionen zur Durchsetzung politischer Ziele aus.

Nach dem gewaltsamen Tod des Studenten Benno Ohnesorg im Zusammenhang mit einer Demonstration gegen den Besuch des Schahs von Persien wird Rudi Dutschke zum Anführer des „antiautoritären Lagers" innerhalb des SDS. Am 11. April 1968 wird er von einem Attentäter niedergeschossen und lebensgefährlich verletzt. Anschließend sucht er Erholung in verschiedenen Ländern. Nachdem er zum zweiten Mal aus Großbritannien ausgewiesen wird, erhält er 1971 eine Stelle als Dozent an der dänischen Universität Aarhus. 1973 promoviert er an der Freien Universität Berlin zum Dr. phil. Am 24. Dezember 1979 stirbt Rudi Dutschke völlig überraschend an den Spätfolgen des Attentats von 1968.

Rudi Dutschke 1967 auf einer Veranstaltung im Hamburger Audimax.

Fußball-Sammelbilder

„Tausche eine Spielszene Eintracht Braunschweig–Hannover 96 gegen je ein Sammelbild von Wolfgang Overath und Petar Radenkovic". Kaum einer von uns acht- bis zehnjährigen Jungen kann sich der Faszination des Sammelns der bunten Bilder mit den Spielern der Fußball-Bundesliga entziehen. Wir kennen nicht nur die Stars der Bundesliga-Klubs, zu denen 1967/1968 auch Mannschaften wie Alemania Aachen, Borussia Neunkirchen oder der frischge-backene Deutsche Meister Eintracht Braunschweig zählen, wir kennen den kompletten Spielkader bis zum letzten Reservespieler. Jedem ist ein Sammel-bild gewidmet.

Kaufen kann man die Tüten mit jeweils vier Sammelbildern für 20 Pfennig am Kiosk. Mit Akribie kleben wir sie in die dafür vorgesehenen Sammelalben von Bergmann Verlag aus Unna, Kunold oder anderen Verlagen. Nimmt man zu viel Uhu (Pritt-Klebestifte gab es noch nicht), kleben leicht die Seiten an den gegenüberliegenden Sammelbildern aneinander fest. Versucht man sie anschließend auch noch so vorsichtig zu lösen, geraten die betroffenen Bilder doch sehr in Mitleidenschaft.

Eintracht Braunschweig wird 1967 zum bislang einzigen Mal Deutscher Fußballmeister.

Räuber Hotzenplotz und Hanni und Nanni - Unsere Lesewelten

Kaum dass wir das Lesen gelernt haben, beginnen wir ein Buch nach dem anderen zu verschlingen – Computerspiele, Gameboys und dergleichen gibt es noch nicht. Den Lesestoff liefern unter anderen die Schneider-Bücher oder der Göttinger Jugendbücher Verlag. Unsere Eltern nehmen dies wohlwollend zur Kenntnis, wohlwollender als das gleichermaßen beliebte Lesen von Comic-Heften. Bei Mädchen sind Pippi Langstrumpf oder das kleine Gespenst angesagt. Die Jungen bevorzugen Fußball- und Räuberbücher. Ottfried Preußlers „Räuber Hotzenplotz" ist eine beliebte Lektüre an langweiligen Sonntagnachmittagen, später die Werke von Karl May.

Vorpubertäre Mädchen lieben die Bücher von Enid Blyton – sämtliche Bände von „Hanni und Nanni", alle „Geheimnis-um"- und „Fünf-Freunde"-Bücher werden in der Schule getauscht oder in der Leihbücherei geholt, wenn man sie nicht bereits geschenkt bekommen hat.

Während die „Hanni und Nanni"-Geschichten etwas klischeehaft, aber durchaus spannend die Mädchenwelten in den 60er-Jahren im Internat auf triviale Art ausschmücken, handelt es sich bei den „Geheimnis-um"- und „Fünf-Freunde"-Büchern bereits um Kriminalgeschichten für Kinder und Jugendliche. Literarisch etwas anspruchsvoller ist Erich Kästners „Emil und die Detektive", ein Klassiker aus den Fünfzigern, der Jungen und Mädchen gleichermaßen über Jahre begeistert.

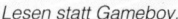
Lesen statt Gameboy.

Endlich auf zwei Rädern unterwegs – Das erste Fahrrad

Wer Glück hat, bekommt zwischen dem achten und dem zehnten Lebensjahr von seinen Eltern zum Geburtstag oder zu Weihnachten das erste Fahrrad geschenkt, verbunden mit vielen Ermahnungen, bloß vorsichtig und nur auf bestimmten Wegen zu fahren. Viele von uns haben das Fahrradfahren schon lange vorher, z. B. bei Freunden, geübt, um für den Tag X gerüstet zu sein. Und wenn es regnet, lesen wir mit Begeisterung die Abenteuer von Micky, Donald, Tick, Trick und Track und Co. Unser Sinn für Gerechtigkeit wird geschult – die Panzerknacker landen am Ende immer im Gefängnis.

Gleichzeitig werden soziale Strukturen festzementiert: Donald bleibt der ewige arme Schlucker, während Onkel Dagobert in seinem Geldspeicher sitzt.

Entgegen der landläufigen Meinung vieler Erwachsener lernen wir viel Nützliches und Wissenswertes aus der Micky Maus. Bis in die 70er-Jahre gibt es in der Heftmitte einen Magazinteil. Dort erfahren wir, wie in den 60er-Jahren das World Trade Center heranwächst und Brasiliens neue Hauptstadt Brasilia gedeiht. Wir sammeln Bundesliga-Stars, Bilder zur Flugzeughistorie und Abbildungen der neuesten Briefmarken aus aller Welt. Nicht wenige von uns verschnippeln ihre Hefte komplett, was dazu führt, dass unversehrte Hefte heute zu hohen Liebhaberpreisen gehandelt werden.

Kinder lieben Schneider-Bücher

1913 wird der Franz Schneider Verlag von Franz Schneider sen. in Berlin gegründet. Nach diversen Umzügen findet der Verlag ab 1953 in München für lange Jahre ein neues Domizil. 1964 übernimmt Franz Schneider jun. die Geschäftsleitung. Begeistert verschlingen die heranwachsenden 58er die spannenden Bücher, auf deren Buchrücken die angesprochene Altersgruppe vermerkt ist. Wie greifen nach Büchern „ab 6", später „ab 8". Populäre Titel sind in jenen Jahren „Käpt'n Konny ahoi" oder „Kulle Jack und der Fall Florentin". Am 1. Mai 1985 verkauft Franz Schneider den Verlag an den dänischen Gutenberghus-

„Käpt'n Konny ahoi" – eines der vielen heiß – geliebten Kinderbücher.

Konzern, der das Verlagsprogramm radikal umgestaltet und vom „Kinderlieben-Schneider-Bücher-Feeling" wenig übrig lässt.

1968-1971

Wir werden Teenies

Auch wenn wir nicht alles verstanden, waren wir von den Demos der „Großen" schwer beeindruckt.

Die „68er" auf dem Schulhof

Nach zwei Kurzschuljahren, die uns in der zweiten und der dritten Klasse widerfahren, ist die Grundschulzeit bereits 1968 für uns beendet. Diejenigen von uns, die auf das Gymnasium wechseln, treffen dort auf sehr große und aus unserer kindlichen Sicht sehr alte Mitschüler. Viele tragen lange Haare und

Chronik

4. Januar 1968
Uraufführung des Films „Zur Sache Schätzchen" von May Spills (geb. 1941) mit Uschi Glas (geb. 1944) in der Hauptrolle.

11. April 1968
Studentenführer Rudi Dutschke wird bei einem Attentat auf dem Berliner Kurfürstendamm von einem 23-jährigen Anstreicher lebensgefährlich verletzt.

15. Mai 1968
Die schwedische Reichsbank stiftet den Nobelpreis für Wirtschaftswissenschaften, der erstmals 1969 vergeben wird.

11. Oktober 1968
Mit Apollo 7 wird der erste bemannte Flug eines Apollo-Raumschiffs durchgeführt.

21. Juli 1969
Neil Armstrong betritt als erster Mensch den Mond.

21. Oktober 1969
Willy Brandt wird Bundeskanzler einer sozial-liberalen Koalition.

19. März 1970
Bundeskanzler Brandt und der Vorsitzende des Ministerrates der DDR Willi Stoph treffen sich in Erfurt zum ersten innerdeutschen Gipfelgespräch.

10. April 1970
Trennung der Beatles.

31. Juli 1970
Durch eine Grundgesetzänderung wird in der Bundesrepublik das aktive Wahlalter von 21 auf 18 Jahre herabgesetzt.

16. Februar 1971
Bundesinnenminister Hans-Dietrich Genscher ordnet an, dass alle unverheirateten weiblichen Berufstätigen in verantwortungsvoller Stellung mit „Frau" anstelle von „Fräulein" anzureden sind.

3. Mai 1971
Nach dem Rücktritt von Walter Ulbricht wird auf der 17. Tagung des Zentralkomitees der SED Erich Honecker zum Ersten Sekretär gewählt.

10. Dezember 1971
Bundeskanzler Willy Brandt wird in Oslo für seine Ostpolitik mit dem Friedensnobelpreis ausgezeichnet.

Existenzialisten-Bärte wie zur gleichen Zeit John Lennon, was sie für uns optisch noch älter macht. In den Pausen stehen sie mit großen Spruchbändern und Plakaten auf dem Schulhof. Sie protestieren gegen die Notstandsgesetze oder gegen den „Numerus clausus". Gerade die ersten zaghaften Sprechversuche im Englisch-Unterricht unternommen, tun wir uns mit dem Verstehen dieses lateinischen Ausdrucks schwer. In jedem Fall scheinen die Demonstrationen für die Teilnehmer sehr wichtig zu sein, und wir lassen uns beeindrucken von dem Ernst und dem Eifer, mit welchem unsere älteren Mitschüler bei der Sache sind.

Straßenfußball

Haben wir unsere Hausaufgaben erledigt (oder einfach keine Lust, diese zu erledigen), treffen wir unsere Freunde zum Fußballspielen. Ohne zu telefonieren – dies kostet schließlich 20 Pfennig – gehen wir zu ihnen, klingeln an ihrer Tür und holen sie ab. Gespielt wird auf der Straße oder auf unbebauten Grünflächen. Den neudeutschen Ausdruck „Street-Soccer" kennen wir nicht. Die Torbegrenzungen werden mit Steinen oder Kleidungsstücken markiert.

11. bis 14. Lebensjahr

Wir waren dicke Freunde.

Probleme bereitet mitunter die Beschaffung eines Balls – Lederbälle sind auch Ende der 60er-Jahre noch teuer und entsprechend rar. Sind wir hinreichend viele, werden zwei bestimmt oder ausgelost, die sich abwechselnd aus den Verbleibenden ihre Mitspieler aussuchen. Ausgetobt und hundemüde träumen wir hinterher bereits von den Toren des nächsten Tages.

Im Ford Capri auf der Rücksitzbank

Bis Ende der 60er-Jahre sind rassig gezeichnete Coupés entweder für den Durchschnittsverdiener unerschwinglich teuer oder aber modifizierte Abwandlungen biederer Familienkutschen. Das ändert sich schlagartig, als ab Januar 1969 der Ford Capri den deutschen Automarkt im Sturm erobert. 1970 zieht Opel mit der ersten Serie seines Manta nach. Lange Jahre bevor dessen zweiter Serie das Image der „Prolo-Schleuder" angeheftet wird, wird der Opel Manta genauso wie sein Kölner Konkurrent zum Traumwagen biederer Familienväter.

In der Werbung mit attraktiven Fotomodellen präsentiert, rekrutiert sich ein Großteil der Käufer aus jüngeren und jung gebliebenen Ehepaaren. Durchaus stolz auf das neuen Familienschmuckstück zwängen sich alsbald nicht wenige unserer Alterskameraden durch die (Vorder-) türen auf die knapp bemessene

Rücksitzbank. Die sehnsüchtig neidvollen Blicke derjenigen von uns, die in einem üppiger bemessenen Familienwagen Platz nehmen „dürfen", begleiten die Capri-Familien fortan auf Deutschlands Straßen und Autobahnen.

Opel Rekord C, gebaut von 1966–1972, ist der populärste Familienwagen seiner Zeit.

Und Gerd Müller trifft! Fußball-WM in Mexiko 1970

Im Juni 1970 findet in Mexiko die X. Fußball-Weltmeisterschaft statt. Durch die Zeitverschiebung laufen die meisten Spiele erst um 23.00 Uhr MEZ. Dennoch dürfen viele von uns zusammen mit unseren Vätern die Spiele der deutschen Mannschaft verfolgen. Unvergessen sind uns das Viertelfinale gegen England und das Halbfinale gegen Italien. Mit noch kindli-chem Enthusiasmus fiebern wir mit, wie beide Spiele in die Verlängerung gehen. Während die deutsche Mannschaft das Viertelfinal-Spiel gegen England mit 3:2 gewinnt, geht das Halbfinale nach mehrmaligem Auf und Ab mit 3:4 verloren.

Edwin Aldrin hisst die amerikanische Flagge.

Der Mann auf dem Mond

Bereits seit vielen Monaten zieht das amerikanische und das sowjetische Raumfahrtprogramm unsere Aufmerksamkeit auf sich. Für die Kinder in der Bundesrepublik kommen die Helden aus Amerika, nennen sich Astronauten, heißen Lovell oder Borman und fliegen Saturn-Raketen und Apollo-Kapseln. In der DDR feiert man die sowjetischen Kosmonauten in ihren Sojus-Kapseln. Nachdem es der NASA mit Apollo 8 und 10 bereits zweimal gelang, mit bemannten Flügen den Mond zu umrunden, steigt die Spannung immer mehr.

Mit Apollo 11 sollen zum ersten Mal Menschen den Mond betreten. Am 16. Juli 1969 ist es so weit. Neil Armstrong, Edwin Aldrin und Michael Collins starten vom Weltraum-Bahnhof in Kap Kennedy in Florida. Drei Tage dauert die Reise zum Mond. In Deutschland ist es die Nacht vom 20. auf den 21. Juli 1969. Mit unseren Eltern sitzen wir vor dem Fernseher. Diese scheinen aufgeregter als wir selbst zu sein. Die technischen Übertragungsmöglichkeiten sind im Vergleich zu heute noch bescheiden. Auf den Bildschirmen ist nur wenig zu sehen. Wir kämpfen gegen den Schlaf.

Um 3.56 Uhr MEZ steigt Neil Armstrong aus der Mondlandefähre Eagle, setzt seinen Fuß auf die Mondoberfläche und spricht die Worte „That's a small step for a man, one giant leap for mankind" (Ein kleiner Schritt für einen Menschen, aber ein gewaltiger Sprung für die Menschheit).

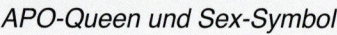
Afri-Cola ist für viele bis heute kultig.

Sexy-mini-super-flowerpop-op-cola …

Bluna gab es manchmal sonntags, wenn wir mit unseren Eltern einen Ausflug machten. Die Werbung für die leckere Limo und die für Afri-Cola kannten wir genau und waren fasziniert. Lasziv blickende Nonnen mit Cola-Flaschen und sich bei Vollmond treffende Jungfrauen sind Themen des großen Pop-Artisten unter den Werbegrafikern, dem in Düsseldorf wirkenden Charles Wilp. Mit seinen – von kirchlicher Seite teilweise heftig kritisierten – Fotos schießt er sich in den Olymp der Werbeästhetik. 1931 bereits als Markenzeichen international registriert, gelingt Afri-Cola bereits vor dem Zweiten Weltkrieg der Durchbruch. 1952 schafft der Hersteller mit Bluna den zweiten großen Wurf. Beide Marken sind Bestandteile des deutschen Wirtschaftswunders.

1968 versetzt Afri-Cola mit Charles Wilps legendärer Werbekampagne „Sexy-mini-super-flower-pop-op-cola – alles ist in afri-cola" ganz Deutschland in den Afri-Cola-Rausch.

APO-Queen und Sex-Symbol

Ende der 60er-Jahre wird die 1946 in München geborene Uschi Obermaier von der Kult-Zeitschrift „Twen" als Modell einer neuen Weiblichkeit entdeckt. Bald gilt sie als das „Sexsymbol" der 68er-Generation. Während die Jungs um sie gegen den Vietnam-Krieg demonstrieren, erhält sie Model-Gagen von 1200 DM am Tag.

Als sie bei einem Pop-Festival den Polit-Kommunarden Rainer Langhans kennenlernt, zieht sie zu ihm in die legendäre Kommune K 1 nach Berlin. Letztlich zerbricht die Kommune daran, dass Langhans Uschi Obermaier gegen die Regeln der Kommune, die die freie Sexualität ohne feste Bindungen vorsieht, nicht mit seinen Mitbewohnern teilen will.

Später wird Uschi Obermaier die Geliebte von Mick Jagger, Keith Richards und Jimi Hendrix. Sie schmückt die Titelseiten von Stern und Vogue und ziert als Poster die Zimmerwände zahlreicher junger Erwachsener. 1973 verliebt sie sich in Dieter Bockhorn, mit dem sie in einem umgebauten Bus um die Welt reist. 1984 stirbt Bockhorn bei einem Motorrad-Unfall in den USA. Uschi Obermaier lebt heute bei Los Angeles und arbeitet als Schmuckdesignerin.

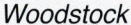

Woodstock

Das im August 1969 im US-Staat New York stattfindende Woodstock-Festival wird zum Höhepunkt der Hippiekultur. Aufgrund seines gigantischen Ausmaßes mit fast 500 000 Besuchern (60 000 wurden erwartet) und seines friedlichen Ablaufs wird Woodstock zum Inbegriff der „Love-and-Peace"- und „Flower-Power"- Bewegung. Neben dem Erlebnis von Sex, Drogen und Rock erfahren sich viele der jungen Besucher zum ersten Mal in einer Gemeinschaft Gleichgesinnter. Bei Regen, fehlenden sanitären Einrichtungen und Mangel an Nahrungsmitteln kampiert man in Autos und Zelten, kopuliert in Schlafsäcken. Die Luft ist derart von Marihuana geschwängert, „dass man schon von deren Einatmen benebelt wird", wie im Polizeibericht nachzulesen ist.

Für die Rockszene markiert Woodstock einen Meilenstein. Unter den auftretenden Gruppen und Solisten findet man Joan Baez, Joe Cocker, Janis Joplin oder The Who. Krönender Abschluss ist die wummernde und quietschende „Metal-Version" der US-amerikanischen National-hymne, die Jimi Hendrix wie eine jaulende Kriegserklärung an den Vietnam-Krieg mit seinen virtuosen Fingern den Saiten seiner E-Gitarre entlockt.

Strahlerküsse schmecken besser

Zu Beginn der 70er-Jahre ist die Zahnpasta-Werbung noch überwiegend mit positiven Argumenten besetzt. Noch soll man sich die Zähne nicht putzen, um Zahnkrankheiten wie Karies und Parodontose vorzubeugen. Noch enden die Namen der Zahncremes nicht überwiegend mit „-med". Vielmehr besteht der Hauptgrund zur Zahnpflege in der Steigerung der sexuellen Attraktivität.

Maßgeblich wird der neue Trend von Blendax mit seiner 1969 vorgestellten neuen Zahncreme „Strahler 70" kreiert. Ein blendend weißer Stern strahlt von den Lippen eines sich küssenden Paares. Geworben wird mit dem Hinweis, dass der Mund des Anwenders „kussfrisch wie noch nie" werde. Der einprägsam gesungene und von Christian Bruhn („Wunder gibt es immer wieder") komponierte Slogan „Strahlerküsse schmecken besser – Strahlerküsse schmecken gut" setzt sich für alle Zeiten in den Gehörgängen unserer Generation fest.

Easy Rider

Das 1968 von Dennis Hopper mit geringen Mitteln gedrehte Road-Movie wird zum Kultfilm und Welterfolg. Erzählt wird die Geschichte einer von Steppenwolfs Folk-Rock-Musik („Born to be wild") untermalten Motorrad-Odyssee durch die Vereinigten Staaten. Die von Peter Fonda und Regisseur Dennis Hopper verkörperten Protagonisten leisten sich ihre Tour Richtung Süden vom Verkauf einer Portion Rauschgift. Auf ihrer Reise begegnen die beiden Motorradhippies, denen sich unterwegs der versoffene Rechtsanwalt Hanson (Jack Nickolson) anschließt, einem Flickenteppich aus guten und schlechten Menschen.

Am Ende des Films wird Billy (Dennis Hopper) aus einem fahrenden Auto heraus erschossen. Bis spät in die 70er-Jahre hängen die Poster mit Peter Fonda und Dennis Hopper auf ihren Motorrädern in deutschen Jugendzimmern.

Shellmünzen von der Tankstelle

Ende der 60er-Jahre/Anfang der 70er-Jahre locken die Mineralölkonzerne ihre Kunden mit allerlei Sammelobjekten, die zwar nur begrenzt auf die Begeisterung unserer Väter, dafür umso mehr die unsrige treffen. Je nachdem, ob wir Briefmarken, Oldtimer-Poster, Sammelbilder oder Sammelmünzen bevorzugen, versuchen wir unsere Eltern zur Wahl einer bestimmten Benzinmarke zu überreden.

Besonders beliebt sind die Münzen von Shell, auf denen man das deutsche Aufgebot für die WM 1970, Motive aus der Luftfahrtgeschichte oder später automobile Raritäten findet.

Shell-Sammelmünze Sputnik.

Und wer war Ihr erster heißer Schwarm?

Mit 13/14 Jahren ist es der Englisch- oder Französischlehrer, für den die Mädchen in unseren Klassen schwärmen. Es wird getuschelt, die Köpfe zusammengesteckt und man sitzt hochverlegen auf seinem Platz, wenn er hereinkommt. Begeistert werden selbst die dümmsten Limericks auswendig gelernt.

Aber auch andere Idole lassen die jungen Mädchenherzen bereits höherschlagen, als das Interesse der Jungs sich noch immer mehr auf das nachmittägliche Fußballspiel mit den Kameraden oder das sonstige Sportgeschehen konzentriert. Die Mädchen interessieren am Fußball eher deren männliche Protagonisten; sie schwärmen für Johan Cruyff und stricken im Unterricht zum Missfallen der Lehrer rot-weiße Schals seines Vereins Ajax Amsterdam. Andere schwärmen für Mick Jagger oder Alice Cooper, lesen den neuesten Klatsch über sie auf dem Schulhof in der BRAVO und sparen für die nächste Schallplatte und das angekündigte Konzert.

Früher als die Jungs wurden die Mädchen erwachsen und zogen schon bald die Blicke auf sich.

Wie geschmiert – Bundesliga-Skandal

Am 9. Januar 1976 verurteilt das Essener Landgericht im Zusammenhang mit dem „Bundesligaskandal" neun Fußballspieler wegen Meineids zu Geldstrafen. Die Spieler hatten 1971 Bestechungsgelder angenommen, um bewusst eine Niederlage im Spiel gegen den abstiegsgefährdeten Verein Arminia Bielefeld herbeizuführen. 1972 schworen sie in einem Prozess, kein Geld bekommen zu haben. Im Dezember 1975 gaben sie zu, Schmiergelder erhalten zu haben.

Ins Rollen gebracht wurde der Skandal vom damaligen Präsidenten von Kickers

Der Spiegel, 14. Juni 1971.

Offenbach, Horst-Gregorio Canellas, mit einer Tonband-Aufzeichnung. Mehr als 50 Liga-Spieler und rund ein Dutzend Funktionäre und Trainer hatten damals viele Hunderttausend Mark Schmiergelder bewegt und Spielergebnisse der Saison 1970/1971 verschoben. Kickers Offenbach und Arminia Bielefeld waren die Vereine, die für ihr Tun mit Zwangsabstieg bestraft wurden.

Aufbruch in die Zukunft

1972-1976

(Fast) alles in Kugelform – Die 70er-Jahre

Nicht bequem, aber schick: Plateauschuhe.

1972 – Wir werden 14 Jahre alt und fangen an, uns zur Welt der Erwachsenen zu zählen. Wir erleben dies in einem Jahrzehnt, das seinen eigenen Stil prägt, wie er vorher und auch seither nicht wieder da war. Die 70er, das ist die Zeit des Flokatis, der Blumenmuster und langen Haare, der Schlaghosen und Plateauschuhe. Grellbunte Farben für Wohnungseinrichtung, technisches Gerät, Autos und Kleidung spiegeln den Optimismus der frühen 70er wider.

Die 70er, das ist die Zeit der Kugelform für Radios, Fernseher, Sessel, Lautsprecherboxen und vieles mehr. Mit der Ölkrise 1973 erleben wir in Form

Chronik

1. Januar 1972
Kurt Waldheim wird Generalsekretär der Vereinten Nationen.

17. Februar 1972
In der Sonderfarbe „Marathon-Blau" rollt der 15 007 634. VW-Käfer vom Band. Damit übertrifft der Käfer den Verkaufsrekord des Ford-Modells „Tin Lizzie".

26. August 1972
Am 26. August werden in München die XX. Olympischen Spiele eröffnet.

3. Februar 1973
Das „Aktuelle Sportstudio" im ZDF wird mit der 26-jährigen Journalistin Carmen Thomas erstmals von einer Frau moderiert.

29. März 1973
Der Vietnam–Krieg ist beendet, als die letzten amerikanischen Truppen abziehen.

22. März 1974
In der Bundesrepublik gilt man ab dem 22. März mit 18 Jahren als volljährig.

16. Mai 1974
Helmut Schmidt wird am 16. Mai als neuer Bundeskanzler vereidigt.

7. Juli 1974
Die bundesdeutsche Fußballmannschaft wird durch einen 2:1-Sieg über die Niederlande in München Fußballweltmeister.

1. Februar 1975
Am 1. Februar beschließt der Bundestag ein Gesetz, nach dem Ehepaare wahlweise den Namen der Frau oder des Mannes annehmen dürfen.

12. Februar 1976
Der Bundestag verabschiedet ein Reformgesetz zum Paragrafen 218. Danach wird bei einem Schwangerschaftsabbruch in den ersten drei Monaten nach der Empfängnis bei ethischer, medizinischer oder sozialer Notlage der Frau Straffreiheit gewährt.

16. November 1976
Während einer Tournee des Liedermachers Wolf Biermann durch die Bundesrepublik beschließt das Politbüro der DDR dessen Ausbürgerung. Begründet wird die Entscheidung damit, dass sich sein Programm in der Bundesrepublik gegen die DDR und den Sozialismus richte.

von drei autofreien Wochenenden den Anfang vom Ende der Überflussgesellschaft. Ab Mitte der 70er-Jahre vollzieht sich für uns fast beiläufig der frühzeitige Abbruch der Expedition Zukunft und die Rückkehr in konservativere Gefilde.

Mit violetter und türkisfarbener Tinte

Seit unserer Einschulung 1965 sind wir gewohnt, unsere Pelikan- oder Geha-Schulfüller mit blauer Tinte zu laden. 1972 erobert die Popart auch unsere Schulfüller. Die Firma Günther Wagner (Pelikan) bringt unter dem Namen „Happy Ink" eine neue Serie von Tintenpatronen auf den Markt. Die Päckchen mit jeweils fünf Patronen sind im Stil der neuen Mode bedruckt. Die Tinte ist erhältlich in den Farben violett, türkis und schwarz. Letztere werden mit einer gelben Verpackung optisch aufgewertet. Innerhalb weniger Wochen erobern die neuen Farben unsere Federmäppchen. Besonders die Mädchen lieben es, die Farbe der Tinte in ihren Briefen zu variieren.

Die Lehrer müssen sich an die neue Farbenvielfalt in unseren Aufsatz- und Hausaufgabenheften erst gewöhnen. Einen entscheidenden Nachteil gegenüber der violetten Tinte besitzt die

türkisfarbene Variante: Sie lässt sich mit den sich ebenfalls erst kurze Zeit auf dem Markt befindenden Tintenkillern nicht weglöschen.

Die Zwei – Coole Sprüche und Fernsehverbote

Anfang der 70er läuft jeweils dienstagabends von 21 bis 22 Uhr die englische Fernsehserie „Die Zwei" im ZDF. Die Coolness der Sprüche von Roger Moore und Tony Curtis alias Lord Brett Sinclair und Danny Wilde sind bei uns binnen kurzer Zeit groß angesagt. Verwundert vernehmen wir in Kommentaren und Kritiken, dass die Reihe im englischen Original mit dem Titel „The Persuaders" in deren Mutterland floppte, insbesondere aufgrund deren „langweiliger Trockenheit". Nur in der von den Synchronsprechern Rainer Brand und Karl-heinz Brunnemann komplett umgetexteten deutschen Version besitzen Curtis' und Moores Sprüche jene faszinierende Mischung aus bissiger Ironie und hintergründigem Witz.

„Die Zwei" entführen uns in die mondäne Welt des Jetsets. Viele von uns träumen bis zum heutigen Tag von Danny Wildes rassigem Dino, für viele der stilistisch bestgelungene Ferrari aller Zeiten. Möchte man „dazugehören", muss man mitreden können, wenn am nächsten Morgen in der Schule von Sinclairs und Wildes neusten Abenteuern berichtet wird.

Unseren Eltern wird hierdurch ein wirksames Druck- und Sanktionsmittel in Gestalt von Fernsehverboten an die Hand gegeben, wenn unser Verhalten nicht deren Wünschen und Vorstellungen entspricht. „Die Zwei" mit John Barrys markanter Titelmusik zu den parallel ablaufenden ungleichen Lebensläufen der beiden Protagonisten fasziniert uns bis zum heutigen Tag.

Wer kennt sie nicht, die Kultserie „Die Zwei".

Die Olympiade von 1972

In Ost und West sitzen wir im Sommer 1972 zwar nicht gemeinsam, aber dennoch gleichzeitig vor dem Fernseher, als Heidi Schüller den Olympischen Eid spricht und Bundespräsident Gustav Heinemann die XX. Olympischen Sommerspiele in München für eröffnet erklärt. Wir erleben, wie die als „heitere Spiele" geplante Olympiade durch den hinterhältigen Terrorangriff auf die israelische Mannschaft infrage gestellt wird und wie IOC-Präsident Avery Brundage nach eingehenden Beratungen „The games must go on!" verkündet.

Wir fiebern mit unseren Olympiasiegern, z. B. Heide Rosendahl, Ulrike Meyfahrt oder Klaus Wolfermann im Westen, Renate Stecher oder Roland Matthes im Osten. Auch ausländischen Stars gebührt unser Respekt und unsere Bewunderung, z. B. dem siebenmaligen Goldmedaillen-Gewinner im Schwimmen, Mark Spitz aus den USA. Viele Stunden verbringen wir vor den Fernsehgeräten. Wir sehen Sportarten, die wir vorher und auch nachher oft nur am Rand verfolgt haben, z. B. das Hockeyturnier mit dem Olympiasieg von Carsten Keller und seiner Mannschaft. Wir verfolgen die Spiele der Fußballmannschaft, die damals noch ausschließlich aus Amateuren besteht. Star in den deutschen Reihen ist der 23-jährige Uli Hoeneß von Bayern München, der für die Olympiateilnahme auf einen frühzeitigeren Profivertrag und damit viel Geld verzichtet. Neben ihm brilliert Ottmar Hitzfeld, ein junger Spieler aus Lörrach, in Diensten des Schweizer Meisters FC Basel und in Deutschland bis dahin noch weitgehend unbekannt.

Heidi Schüller, attraktiv und selbstbewusst, spricht den olympischen Eid.

Bitte Ruhe – Wir nehmen auf!

Anfang der 70er-Jahre feiert der Kassettenrekorder seinen Siegeszug. Innerhalb kürzester Zeit löst er die großen schweren Tonbandgeräte aus den 50er- und 60er-Jahren ab und steht ganz oben auf unseren Geburtstags- und Weihnachts-Wunschlisten. Noch soll es zwei bis drei Jahre dauern, bis unser Kassettenrekorder selbst von moderneren Radiorekordern abgelöst wird, die ein direktes Aufnehmen ermöglichen. So lange müssen wir uns anderweitig behelfen. Hat das Radio unserer Eltern eine entsprechende Ausgangsbuchse, können wir unseren Kassettenrekorder über ein Kabel damit verbinden. Ist eine solche Buchse nicht vorhanden, was insbesondere bei den älteren Radiogeräten damals der Normalfall ist, bedienen wir uns des mitgelieferten Mikrofons.

Wir legen eine unserer knallbunten Kassetten ein, sie kommen z. B. von BASF, sind gelb, rot oder violett, passen sekundengenau den Liedanfang ab und hoffen, dass der Radiomoderator nicht über den Titelbeginn hinaus quasselt. Wir drücken den Aufnahmeknopf und signalisieren allen in Reichweite befindlichen Personen mucksmäuschenstill zu sein – wir nehmen auf!

„School's out for summer"

1972, wir werden gerade 14. Deutsche Schlager, wie wir sie wenige Jahre zuvor noch begeistert gehört haben, sind inzwischen längst verpönt. Die neuen Idole kommen aus der internationalen Rockszene. Noch sind unsere Schul-Englischkenntnisse eher bescheiden. Dennoch oder gerade deswegen sind wir der festen Überzeugung, dass die englisch gesungenen Songtexte „viel besser" als die der deutschen Schlager sind. Immerhin reicht unser Schul-Englisch so weit, den Refrain zu verstehen, wenn Alice Cooper „School's out for summer, School's out forever" singt und „no more books" und „no more teachers" propagiert. Solch rebellische Worte gibt es in der deutschen Musikszene damals tatsächlich nicht.

Unsere Eltern sind schockiert vom Plattencover, das Alice Cooper mit einem Strick um den Hals zeigt, genauso wie von dem obszön provozierenden Poster von ihm und seiner Band, die in der Heftmitte von Zeitschriften wie „pop" oder „popfoto" eingeheftet sind und alsbald die Wände manches Jugendzimmers dekorieren.

Mann trägt lang.

Lange Haare

Ab 1971, spätestens ab 1972, fangen die meisten von uns Jungs an, sich die Haare wachsen zu lassen. Die Vorbilder finden wir in der internationalen Rockszene. Sie heißen George Harrison, Alice Cooper, Roger Daltrey oder Robert Plant und spielen in Bands wie Led Zeppelin, The Who oder Grand Funk Railroad. Später ziehen auch die Stars in den Fußballstadien nach. Egal ob Gerd Müller oder Günther Netzer, die Haare müssen schulterlang und länger sein.

Die Generation unserer Eltern reagiert mit Intoleranz und Unverständnis. Aufgewachsen mit dem noch in den Fünfzigerjahren gepflegten nationalsozialistischen Ideal vom „schneidigen" jungen Mann, können sie mit unserem neuen Aussehen nichts anfangen. Von Außenstehenden als „Langhaardackel" und „Gammler" beschimpft, kommt es in den Familien zu heftigen Auseinandersetzungen. Wir bekommen daher das eine oder andere Mal entrüstet zu hören, man könne sich mit uns ja gar nicht mehr blicken lassen, man müsse sich schämen.

Erst um 1974, die komplette deutsche Fußball-Weltmeistermannschaft trägt inzwischen ihre Haare lang, wird die neue Haarmode gesellschaftlich akzeptiert.

Alice Cooper in den 70er-Jahren.

15. bis 18. Lebensjahr

Unsere Lehrer und ihre Gesinnung

Als Teenager erleben wir an den bundesdeutschen Gymnasien eine ungewöhnliche Zusammensetzung in den Lehrerkollegien. Neben hervorragenden Pädagogen mischen sich darin Kollegen mit den alten Idealen der Zeit, in der sie selbst aufwuchsen mit einer von den negativen Aspekten der Ideale der 68er-Generation beeinflussten neuen Generation. Beide Prototypen unterscheiden sich hinsichtlich ihrer intoleranten Gesinnung in nichts. Die einen fordern Disziplin und Unterwerfung, praktizieren mitunter auch noch die körperliche Züchtigung in Form des Bewerfens mit Kreide.

Von den anderen hören wir im Westen, was für ein gutes politisches System die DDR repräsentiere und bekommen selbstgerecht und wenig reflektiert die ideologische Lehre von Karl Marx präsentiert. Zwar wird von Letzteren alles diskutiert, letztlich jedoch keine andere Sicht der Dinge gelten gelassen. Die einen von uns leichter, die anderen schwerer versuchen wir uns mit den Umständen zu arrangieren und unsere Schulzeit halbwegs unbeschadet zu überstehen.

Wechsel im Kanzleramt

Betroffen und in West- wie auch in Ost-Deutschland gleichermaßen ungläubig nehmen wir am 6. Mai 1974 den Rücktritt von Bundeskanzler Willy Brandt zur Kenntnis. Viele von uns hegen große Bewunderung für den Mann, der viele alte Zöpfe abgeschnitten und die Versöhnung mit Ost-Europa konsequent vorangetrieben hat. Der historische Kniefall von Warschau ist uns genauso präsent wie der Besuch in Erfurt, wo der Empfang und die Begeisterung der ostdeutschen Landsleute jeglicher Kontrolle der staatlichen Behörden entgleiten. Dass ausgerechnet er, der den Handschlag mit dem Osten gesucht hat, einem DDR-Spion in seinem engsten Umfeld zum Opfer fällt, kann Willy Brandt nur schwer verwinden.

Am 16. Mai wird Helmut Schmidt als sein Nachfolger vereidigt. Der Diplom-Volkswirt aus Hamburg, zuletzt als „Superminister" mit der Leitung sowohl des Wirtschafts- wie auch des Finanzministeriums betraut, besitzt auch bei denjenigen von uns, die weniger mit der SPD liebäugeln, große Sympathien, nachdem

Bundeskanzler Willy Brandt bei seinem
historischen Besuch in Erfurt.

er während seiner Zeit als Verteidigungsminister (1969–1972) als bislang
einmaligen Vorgang in der bundesdeutschen Geschichte seinen Soldaten das
in den 70er-Jahren angesagte Tragen langer Haare zugestanden hat.

In Fahrt

Ab der siebten Klasse freuen wir uns jedes Jahr mehr oder weniger auf unsere
Klassenfahrt. Zunächst fahren wir nur wenige Kilometer bis zur nächsten
Jugendherberge oder zum Schullandheim, später geht es mitunter auch ins
Ausland. Ob nach Berlin, Paris oder an die Nordsee – jedes Ziel ist uns recht,
um dem langweiligen Schulalltag zu entkommen. Anstatt Mathe oder Deutsch
zu pauken, geht es morgens um sieben schon los. Ein großer Reisebus
erwartet uns und wir drängen voller Erwartungen hinein, kämpfen um die
besten Plätze, ganz vorne oder ganz hinten, wir fangen an zu singen oder
spielen Karten.

Eine wild aussehende, aber eigentlich doch sehr harmlose Truppe.

Als der Bus endlich losfährt, wirkt unser begleitender Lehrer schon einmal etwas genervt. Sind wir dann endlich am Ziel unserer „Schülersehnsüchte", erwartet uns gelegentlich ein langweiliges Stadtbesichtigungsprogramm inklusive Besuch historischer Museen oder aber auch spannende und abwechslungsreiche Unternehmungen. Voller Stolz wollen wir unsere ersten Französisch-Kenntnisse in Straßburg anbringen, um in perfektem Deutsch eine Antwort zu bekommen. Gebannt sitzen wir zum ersten Mal im Deutschen Bundestag und lauschen den gewandten Reden der Politiker und bekommen eine erste Ahnung von dem, was wir bisher im Politik- oder Geschichtsunterricht als langweilig abtaten.

*Cassius Clay
alias Muhammad Ali.*

Der Boxkampf des Jahrhunderts

Mit der Ankündigung dieser Bezeichnung werden wir in den 70er-Jahren mehrmals zu nächtlicher Stunde vor den Fernseher gelockt. Im Rückblick steht dem „Rumble in the jungle", dem Donnern im Dschungel am 30. Oktober 1974 in der kongolesischen (damals Zaire) Hauptstadt Kinshasa am ehesten dieser Titel zu. In jener denkwürdigen Nacht sitzen viele von uns um vier Uhr morgens MEZ vor dem Fernseher, als Cassius Clay George Foreman durch einen K. O.-Sieg in der achten Runde den Weltmeistertitel im Schwergewicht entreißt. Nach dem WM-Sieg 1964 bekannte er sich zu einer schwarzamerikanischen islamischen Kirche, legte den „Sklavennamen" (wie er ihn nannte) Cassius Clay ab und nannte sich fortan Muhammad Ali. 1967 ist Ali der erste Prominente, der offen gegen den Vietnamkrieg Stellung bezieht. Wochen später wird er wegen seiner Wehrdienstverweigerung zu einer Haftstrafe auf Bewährung verurteilt, ihm wird der Weltmeister-Titel aberkannt und die Profi-Box-Lizenz entzogen. Erst nach einer mehrjährigen Berufungsverhandlung wird das Urteil wieder aufgehoben.

1970 darf Ali wieder in den Ring steigen. Im ersten „Boxkampf des Jahrhunderts", in welchem sich 1971 die beiden ungeschlagenen Weltmeister Ali und Joe Frazier gegenüberstehen, bezieht er seine erste Niederlage. 1974, zehn Jahre nach dem erstmaligen Gewinn des WM-Titels, erhält Ali eine neue Chance. Weltmeister ist inzwischen George Foreman. Finanziert wird der Kampf zum größten Teil durch Zaires Diktator Mobutu als Werbemaßnahme für sein Land und ganz Afrika. Da Foreman, obwohl auch Schwarzer, wenig Interesse an Afrika zeigt, sich sogar sein Essen aus den USA einfliegen lässt, während Ali die Bevölkerung durch Kontaktfreudigkeit und Charisma auf seine Seite zieht, sind die Sympathien eindeutig verteilt. Mit seinem Sieg über Foreman wird Muhammad Ali zum zweiten Schwergewichtschampion nach Floyd Patterson, der die Regel „They never come back" durchbricht.

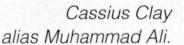 15. bis 18. Lebensjahr

Endlich motorisiert

Wer sich gegen die Ängste und Sorgen seiner Eltern durchsetzen konnte, von diesen großzügig bedacht oder sich mit erster Arbeit das nötige Geld selbst verdient hatte, erfüllt sich mit 16 den Traum vom „fahrbaren Untersatz". Im Gegensatz zu den Generationen unserer Eltern und unserer Kinder, bei denen der Roller hoch im Kurs stand und steht, ist bei uns in den 70er-Jahren das Mofa angesagt. Populäre Hersteller sind z. B. Zündapp, Mars oder Puch. Ohne Führerschein dürfen wir es im Straßenverkehr bewegen. Die Höchstgeschwindigkeit ist auf 25 km/h begrenzt. Nicht wenige frisieren ihr Mofa auf eine deutlich höhere Leistung, immer in der Hoffnung, nicht von der Polizei erwischt zu werden. Das Mofa erhöht unseren Aktionsradius im Vergleich zu den vorangegangenen Fahrradzeiten beträchtlich. Inspiriert von Peter Fonda und Dennis Hopper, den Hauptdarstellern des 1969 gedrehten Kultfilms „Easy Rider", genießen wir das Gefühl von Freiheit auf zwei Rädern.

Und ständig sind wir konfrontiert mit den blöden Spießern. Sie beschimpfen uns als „Langhaardackel"; die Musik, die wir hören, bezeichnen sie als „Negermusik". Man erkennt sie an ihrem Haarschnitt nach „tausendjährigem" Vorbild, an beigebraunen Socken und Sandalen in derselben Farbe. Auf der Hutablage ihres Autos entdeckt man beim Blick durch das Heckfenster eine umhäkelte Toilettenpapierrolle.

Fast unbewusst pflegen wir unser Feindbild. Jahre, mitunter Jahrzehnte später, stellen wir fast schon frustriert fest, dass die Spezies, von der wir uns doch immer so schön abgrenzen konnten, weitgehend ausgestorben ist.

Der Inbegriff von Spießigkeit, heute schon fast wieder kultig.

Legendär: Franz Beckenbauer.

Deutschland ist Weltmeister

Das Gefühl, das wir bislang nur von Erzählungen der älteren Generationen kannten, wenn diese vom „Wunder von Bern" aus dem Jahr 1954 berichteten, dürfen wir 1974 endlich selbst auskosten. Zwar hegen wir nicht mehr die kindliche Begeisterung von 1966 und 1970, als unsere Mannschaft den zweiten respektive dritten Platz belegte, dennoch stärkt es unser Selbstwertgefühl ungemein, als die Mannschaft von Bundestrainer Helmut Schön am 7. Juli 1974 im Endspiel im Münchner Olympiastadion die Mannschaft der Niederlande mit 2:1 bezwingt. Auch im Osten darf man stolz sein, wird die Mannschaft der Bundesrepublik doch nur von der Auswahl der DDR durch Jürgen Sparwassers Tor an jenem denkwürdigen Tag am 22. Juni im Hamburger Volksparkstadion mit 1:0 geschlagen.

Nur bei diesem Spiel kommt in der bundesdeutschen Mannschaft der 1974 formschwache Günter Netzer, Held der EM 72, zum Einsatz. Während der WM diskutieren wir heiß, ob der Kölner Wolfgang Overath oder der Mönchengladbacher Günter Netzer die bessere Alternative als Mittelfeldregisseur ist.

Der Macher aus Hamburg

Am 16. Mai 1974 wird der 1918 in Hamburg geborene Diplom-Volkswirt Helmut Schmidt zum 5. Bundeskanzler der Bundesrepublik Deutschland gewählt. Bundesweit bekannt wurde er 1962 durch sein erfolgreiches Krisenmanagement als Hamburger Innensenator im Zusammenhang mit der Sturmflut-Katastrophe. 1967 wird er Vorsitzender der SPD-Bundestagsfraktion. Nach der Machtübernahme durch Willy Brandt wird er 1969 ins Verteidigungsministerium berufen.

Nach Brandts Wiederwahl wird er 1972 Wirtschafts- und Finanzminister.

Wie schon als Hamburger Innensenator brilliert er auch als Bundeskanzler durch sein umsichtiges Krisenmanagement. In seine Amtszeit fällt die Entführung der Lufthansa-Maschine „Landshut", deren Erstürmung in Mogadischu (1977) und die anschließenden Selbstmorde der RAF-Terroristen Andreas Baader und Ulrike Meinhof. Nach zweimaliger Wiederwahl 1976 und 1980 scheidet er am 1. Oktober 1982 durch ein konstruktives Misstrauensvotum aus dem Amt.

Helmut Schmidt starb am 10. November 2015.

Helmut Schmidt und seine Frau Hannelore, genannt Loki.

BRAVO – Musikszene und „Lebenshilfe"

Bereits seit den 50er-Jahren verschlingen
Teenager die Jugendzeitschrift BRAVO.
Anfangs brav auf die aktuelle Musikszene
konzentriert, setzt sich BRAVO in den 70er-
Jahren über alle sexuellen Tabus hinweg, die
uns Jugendlichen das Leben schwer machen.
Dort wird man aufgeklärt, bekommt es
schwarz auf weiß zu lesen, was passieren
kann, wenn „es" passiert – von Verhütungsfra-
gen („Darf ich die Pille nehmen, ich bin erst
16") und sexuellen Praktiken bis zur Selbstbe-
friedigung erscheint kein Tabu mehr heilig.
Die Studentenbewegung der 68er und die
von ihr propagierten sexuellen Freiheiten

(„Wer zweimal mit derselben pennt, gehört schon zum Establishment") haben
ganze Arbeit geleistet und beeinflussen unsere Generation nachhaltig. Wir
fangen an, die Moral der Generation unserer Eltern infrage zu stellen.

Flitzer

*Bis dahin nur in den USA und in England
bekannt, treten 1974 auch in deutschen
Großstädten immer wieder junge Menschen auf, die nackt durch Straßen oder
über öffentliche Plätze „flitzen". Erfunden
von Studenten der Memphis State
University sind für den temporeichen
Auftritt möglichst belebte und renom-
mierte Orte gefragt. Wird man gefasst,
droht ein hohes Bußgeld wegen Erregung
öffentlichen Ärgernisses. 1974/1975
finden sich in den Zeitungen täglich neue
Meldungen, wo in Deutschland wieder ein
Flitzer oder eine Flitzerin durch die
Straßen gerannt ist.*

1976 in Berlin – scheinbar ungerührt stehen Passanten
neben einem „Flitzer".

Der Einheitslook – Jeans und T-Shirt

Wir Teenager legen großen Wert darauf, uns von den modischen Vorstellungen der Eltern deutlich zu unterscheiden. Zum Leidwesen der Jungen werden allerdings die Miniröcke und Hotpants der späten 60er- und frühen 70er-Jahre von Jeans, T-Shirts und folkloristisch anmutenden Blusen ersetzt. Die von den Eltern gewünschten Trevirahosen mit Bügelfalte, weiße Hemden oder biedere Röcke haben keine Chance mehr. Mit Jeans und T-Shirt fühlt man sich zu jedem Anlass richtig angezogen, bei kühlerem Wetter auch gerne mit grünem Parka „modisch" kombiniert. Die Kleidervorschrift für Jeans lautet „möglichst verwaschen", „oben möglichst eng", „unten möglichst weit geschnitten". Dieser Einheitslook ist Ausdruck unseres jugendlichen Lebensgefühls, eine selbst gewählte Uniform, die uns miteinander verbindet, auch wenn es nicht mehr nur um Protest und Aufbegehren gegen bürgerliche Moralvorstellungen geht.

Heute erinnern wir uns augenzwinkernd an unser „selbst bestimmtes" Modediktat von Jeans und T-Shirt, haben – glücklicherweise – zwar nicht als

Tanzstunde mit Fönwelle, Trevirahose und Faltenrock.

Einheitslook mit dem damaligen Impetus überlebt, sind jedoch im modischen Freizeit-Outfit der Jugendlichen und bei allen, die sich für jung halten, nicht mehr wegzudenken und werden von billig bis edel in allen Varianten getragen.

Doch es geht auch anders, wer hätte das gedacht? Den Hippies der 68er Generation sträuben sich die Haare, als die deutsche Jugend 1976 zu Schlips und Kragen zurückkehrt. Tanzschulen erleben einen neuen Boom. Kaum einer von uns kann sich diesem Trend entziehen. Nach Jahren optischer Unangepasstheit zwängen wir uns in gebügelte Hemden, cremefarbene Trevirahosen und schwarze Samtröcke. Mit Scheitel und Fönwelle geht es in Tanzkurse, wo die aus den USA initiierte Discowelle abgefedert und aus dem Hustle, dem ekstatisch gedachten Groove der Schwarzen, ein braver deutscher Ringelpiez mit Anfassen wird.

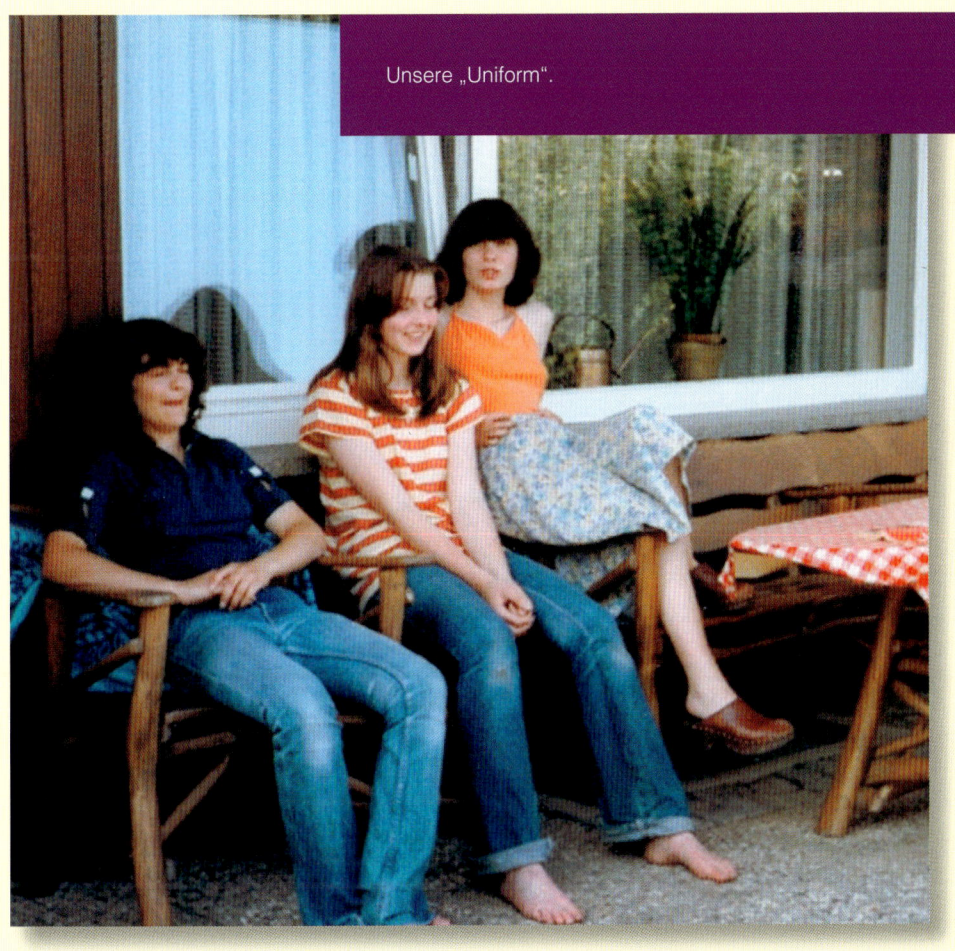

Unsere „Uniform".

Das erste Auto

Bescheidene Lehrlingsvergütungen und nicht vorhandenes Einkommen bei den Gymnasiasten setzen die Grenzen. Wer kann, nimmt einen Ferienjob an, erteilt Nachhilfestunden und Musikunterricht. Nur wenige Eltern sind willens und finanziell überhaupt in der Lage mit großzügigen Geschenken nachzuhelfen. Trotzdem, irgendwann sind 1000 oder 2000 DM beisammen. Dafür bekommt man zwar nicht den Ford Capri, von dem wir träumen, auch keines der ersten, ab 1969 produzierten Modelle. Aber man erhält einen Kleinwagen aus den späten 60er-Jahren.

Also heißen unsere ersten Autos VW Käfer, Opel Kadett B, Ford 12 M oder NSU Prinz. Auch gebrauchte italienische und französische Kleinwagen sind

Endlich! Der erste eigene fahrbare Untersatz: Für Schüler reicht es bestenfalls zum gebrauchten Opel Kadett B.

Für diejenigen von uns, die schon berufstätig sind, ist ein kurz gebrauchter Ford Consul erschwinglich!

bei uns populär. Viele von uns fahren Fiat 500, 600, 850 oder einen moderneren 127. Aus französischer Produktion kommen gebrauchte Renault R 4 und Citroen 2 CV.

Wie die erste Liebe hätscheln und pflegen wir unser erstes Auto. Kleinere Reparaturen nehmen wir selbst vor. Fehlen hierzu die Kenntnisse, hat jeder und jede irgendwo einen Bekannten, der für kleines Geld oder zärtliche Worte weiterhilft. Mit dem neu erstandenen Gebrauchten geht es mit Freunden auf Entdeckungstour in bislang nicht bekannte Städte und Landschaften oder zur Brieffreundin nach Paris. Wir genießen die neue Mobilität in vollen Zügen.

Kanzlerkandidat mit 46 Jahren

1976 ist Helmut Kohl 46 Jahre alt, als er zum ersten Mal als Kanzler-Kandidat antritt. Der 1930 in Ludwigshafen-Oggersheim geborene Pfälzer hat zu diesem Zeitpunkt bereits eine Bilderbuch Karriere hinter sich. 1969 wird er mit 39 Jahren in Rheinland-Pfalz Deutschlands bis dahin jüngster Ministerpräsident. Fünf Jahre später wird er Bundesvorsitzender der CDU. Im innerparteilichen Machtkampf um die Kanzlerkandidatur 1976 setzt er sich gegen seinen Widersacher Franz-Josef Strauß durch. 1982 wird er mit 52 Jahren Deutschlands bis dahin jüngster Bundeskanzler und behält dieses Amt während einer Rekordzeit von 16 Jahren bis 1998.

Zu Helmut Kohls herausragenden Verdiensten zählt der Ausbau der deutsch-französischen Beziehungen. Diese ist Grundlage des Vertrags von Maastricht und der späteren Einführung des Euro. 1990 nutzt Kohl die historische Chance und erreicht die Zustimmung der Siegermächte des Zweiten Weltkriegs zur Wiedervereinigung Deutschlands.

Helmut Kohl starb am 16. Juni 2017.

Helmut Kohl im Wahlkampf.

Zum ersten Mal zur Wahlurne

Diejenigen von uns, die vor dem 3. Oktober 1958 geboren sind, dürfen bei der Bundestagswahl 1976 zur Wahlurne gehen. Die Möglichkeit, zum ersten Mal in unserem Leben selbst über unsere Regierung abstimmen zu können, ist ein großes Ereignis für uns. 83,2% der Jungwähler nutzen diese Chance der Demokratie, eine Quote, die von den immer politikverdrosseneren Jahrgängen, die folgen, bis heute nie wieder erreicht wird. Ebenfalls zum ersten Mal kandidiert für die CDU deren neuer Hoffnungsträger, ihr junger, zwei Jahre zuvor gewählter Parteivorsitzender. Sein Name: Helmut Kohl. Aus unserer Sturm-und-Drang-Sicht ist er alt; tatsächlich ist er mit seinen 46 Jahren so jung wie wir im ersten Jahrzehnt des neuen Jahrtausends.

Mit provokanten Werbeplakaten versucht die CDU uns mit Sex zu bezirzen und uns für sich zu mobilisieren. Tatsächlich schafft es Helmut Kohl, den zuletzt eher bescheidenen CDU-Anteil bei den Jungwählern von 35,3% auf 40,2% zu steigern. Mit 48,6% der Gesamtwähler realisiert er gleichzeitig das beste CDU-Resultat bei einer Bundestagswahl seit 1957. Mangels eines Koalitionspartners reicht es dieses Mal dennoch nicht zum Wahlsieg.

Nicht nur die knappe Mehrheit der Gesamtwähler, sondern auch 49,8 % von uns Jungwählern entscheiden sich für Helmut Schmidt, den bewährten Krisenmanager und Macher aus Hamburg, den letzten Ökonomen auf dem Posten des Bundeskanzlers. Wie keinem anderen SPD-Politiker zuvor gelingt es ihm, auch Wähler aus dem bürgerlichen Lager für eine sozialdemokratisch geführte Regierung zu gewinnen.

CDU-Wahlplakat von 1976.

Endlich erwachsen – und dann?

1976 endete unsere Kindheit und Jugendzeit offiziell mit unserem 18. Geburtstag. Es waren schöne Jahre. 1958 geboren zu sein ermöglichte uns ein Aufwachsen in einem Land in der Blüte der Wirtschaftswunderzeit. Trotz diverser internationaler Konflikte und Krisen mussten wir im eigenen Land keinen Krieg miterleben. So hat sich die Erinnerung an eine behütete Kindheit und eine aufregende Jugend in unser Gedächtnis eingebrannt. Mit dem Erwachsensein wurde der Schritt ins Berufsleben vollzogen. Die Schul- und Lehrjahre gingen zu Ende. Bundeswehr oder Zivildienst standen an. Viele von uns ergriffen ein Studium und zogen erstmals in eine andere, bislang fremde Stadt. Wir lernten neue Menschen kennen und schlossen neue Freundschaften. Wir übernahmen Verantwortung für das eigene Leben.

In den 80er- und 90er-Jahren erlangten wir erste verantwortungsvolle Positionen in Beruf und Gesellschaft. Wir erlebten den politischen Umbruch in Europa und den Vollzug der deutschen Einheit, woran in unserer Jugend in den 70ern kaum noch jemand glauben wollte. Fast unbemerkt eroberten sich neue technische Entwicklungen ihren Platz in unserem Leben. Wir telefonieren mobil, können statt zwischen zwei nun zwischen einer Vielzahl von Fernsehprogrammen wählen und benutzen das Internet. Zu Beginn des neuen Jahrtausends erlebten wir, wie unsere Generation in den demokratischen Parteien die Generation der 68er an der Spitze der politischen Macht und Einflussnahme ablöste.

Und heute? Es liegt an uns, den Wirtschaftswunderkindern, die Herausforderungen der neuen Zeit anzunehmen und die Zukunft unserer Kinder und Enkel aktiv zu gestalten.

Trenne Dich nicht von Deinen Illusionen.
Wenn sie verschwunden sind, wirst Du weiter existieren,
aber aufgehört haben, zu leben.

Mark Twain

Für alle ab 18

Unsere Jahrgangsbände gibt es
für alle Jahrgänge ab 1921 bis zum aktuellen
18. Geburtstag, auch als DDR-Ausgabe.